唐家湾历史文化丛书

《唐家湾历史文化丛书》编委会 编

丁旭光 著

苏兆征

中国共产党早期著名领袖

SPM
南方出版传媒
广东人民出版社
广州·

图书在版编目（CIP）数据

中国共产党早期著名领袖苏兆征 / 丁旭光著. —广州：广东人民出版社，2021.9
ISBN 978-7-218-15241-7

Ⅰ.①中…　Ⅱ.①丁…　Ⅲ.①苏兆征（1885-1929）—传记　Ⅳ.①K827=6

中国版本图书馆CIP数据核字（2020）第038866号

ZHONGGUO GONGCHANDANG ZAOQI ZHUMING LINGXIU SU ZHAOZHENG

中国共产党早期著名领袖苏兆征

丁旭光　著

出 版 人：肖风华

责任编辑：梁　茵　陈泽航
封面设计：张绮华
责任技编：吴彦斌　周星奎

出版发行：广东人民出版社
地　　址：广州市海珠区新港西路204号2号楼（邮政编码：510300）
电　　话：（020）85716809（总编室）
传　　真：（020）85716872
网　　址：http://www.gdpph.com
印　　刷：广东鹏腾宇文化创新有限公司
排　　版：广州市友间文化传播有限公司
开　　本：787mm×1092mm　1/16
印　　张：12.75　字　数：190千
版　　次：2021年9月第1版
印　　次：2021年9月第1次印刷
定　　价：78.00元

如发现印装质量问题，影响阅读，请与出版社（020-85716849）联系调换。
售书热线：（020）85716826

作者简介

丁旭光

　　中共广州市委党校（广州行政学院）校委委员、副校长（副院长），研究员，历史学博士。兼任广州市社科联副主席。曾在广东省社会科学院、中共广东南澳县委、广东省委党校、广州市委政策研究室工作。出版有《近代中国地方自治研究》《变革与激荡》《广州改革开放的实践与经验研究》等著作，发表论文70余篇。

　　珠海唐家湾，原属香山县上恭常都。其灵秀也，山海相拥，陆岛相望，名人辈出，是我国首个以近代历史遗迹申报历史文化名镇获得成功的古镇，也是首个地处岭南滨海、经济特区的国家级历史文化名镇。唐家湾毗邻澳门，亦曾沐浴澳门之欧风西雨。明清时期，澳门为中外贸易及西风东渐的"独木桥"，唐家湾之金星门海面多有洋船寄泊；逮于近代，唐家湾人以地利之便，得风气之先，或就学，或从商于澳门，继而参与"师夷长技"及洋务运动，以家族血缘和地缘关系为纽带，积聚经济、社会、文化资本，逐渐在内地建立连接海洋与珠江、长江流域之主要商贸城市和港口的经济、社会和人文网络，为推动我国早期对外开放、经济社会发展作出了重要贡献。

近代以来，从唐家湾走出了中国近代民族工业先驱唐廷枢、中华民国首任内阁总理唐绍仪、清华学校首任校长唐国安、中国共产党早期领导人苏兆征、人民画家古元等一大批在我国政治、经济、军事、文化、教育、外交等领域做出重要贡献的精英人物。他们的爱国情怀和卓越贡献，在我国近代化进程中闪耀着永恒的光亮，在唐家湾巷陌里乃至珠海地区成为代代传颂的佳话，由此凝聚成具有鲜明的对外开放特色的中国人文地理标志。凭借独特的人文地理气质，唐家湾不仅曾作为民国时期中山模范县县府以及新中国成立初期珠海县的建县之地，更是我国改革开放、经济特区建设中的先行地区，而坐落于该镇的闻名遐迩的珠海高新区，更使之成为珠江口西岸首个传统文化与当代科创相融合的知识经济港。

粤港澳大湾区建设是习近平总书记亲自谋划、亲自部署、亲自推动的重大国家战略，是新时代推动形成全面对外开放新

格局的新举措，是推动"一国两制"事业发展的新实践。在全面贯彻实施《粤港澳大湾区发展规划纲要》的背景下，发挥澳门与珠海地域相近、文脉相亲的优势，挖掘和传播唐家湾的文化底蕴与开拓精神，探讨澳门与香山（珠海）的历史文化关系，是大湾区建设"以中华文化为主流，多元文化共存的交流合作基地"的重要任务和目标。因此，珠海高新区政府以扎根乡土的文化情怀和瞭望四海的深邃目光，提出了《唐家湾历史文化丛书》的编写和出版计划。此举对进一步推进唐家湾历史文化研究，深入发掘珠海、澳门的优秀文化基因，探讨当代珠海、澳门人文合作的可能性，彰显包括中山、珠海、澳门在内的香山文化在粤港澳大湾区建设中的作用，建设新时代的人文湾区具有重要的历史和现实意义。

《唐家湾历史文化丛书》由珠海市文化广电旅游体育局指导，珠海（国家）高新区管理委员会主持，珠海高新区社会保障和公共事业局、珠海高新区（唐家湾镇）文化中心、澳门科技大学唐廷枢研究中心、珠海市唐廷枢历史文化研究中心等单位合作，组织专业研究团队系统地搜集、整理史料，对唐家湾历史人物、重要事件、文化遗产等专题进行研究和传播，是一套兼具学术性和通俗性的系列历史文化著作。

按照计划，《唐家湾历史文化丛书》大致分为历史、人物、建筑人文、非遗文化等四个系列，计划用三年时间初步完成首批6种图书，以后视情况陆续出版。首批图书包括《中国共产党早期著名领袖苏兆征》《中国近代民族工业先驱唐廷枢》《清华首任校长唐国安》《唐家湾古建筑艺术》《唐家湾文物保护利用笔记》《唐家湾碑刻集》等。以上图书在参考前人成果的基础上，由近代史专家及长期从事唐家湾历史文物保护的专业工作者分别撰写，系统介绍唐家湾历史文化遗产及近代著名人物的概貌与事迹，挖掘其深层文化价值，完整呈现唐家湾文化发展的历史谱系和价值体系。

习近平总书记在2019年1月2日致信祝贺中国社会科学院、中国历史研究院成立时指出："当代中国是历史中国的延续和发展。新时代坚持和发展中国特色社会主义，更加需要系统研究中国历史和文化，更加需要深刻把握人类发展历史规律，在对历史的深入思考中汲取智慧、走向未来。"身处伟大的时代，重视历史经验的总结和优秀文化的传承，才能走得稳，走得远。《唐家湾历史文化丛书》的编撰出版，是珠海、澳门文化界一次新的合作，我们期待社会各界对丛书提出宝贵意见，使之不断丰富和完善，共同为新时代人文湾区建设作出新的贡献。

林广志

2019年11月11日

前　言

preface

　　苏兆征，是中国共产党的优秀党员，杰出的无产阶级革命家，中国共产党早期重要领导人之一。他是中国工人运动的先驱和著名领袖，中华全国总工会的主要创建人和领导人之一，国际工人运动活动家。

　　苏兆征，原名苏吉，广东香山县淇澳岛淇澳村人（今属珠海市香洲区唐家湾镇淇澳村），1885年出生于一个贫苦的农民家庭，1903年赴香港，在外国轮船上当海员（杂役）。1908年加入孙中山先生领导的同盟会，后加入中国国民党，积极参加推翻清政府的革命活动。1921年与林伟民等在香港建立中华海员工业联合总会，任理事，并于1922年1月领导香港海员大罢工，被选为罢工总办事处总务部主任和谈判代表之一，接着任海员工会代理会长。1925年3月，苏兆征加入中国共产党；同年5月，参加在广州举行的第二次全国劳动大会，当选为中华全国总工会执行委员会委员。他先后担任中华全国总工会执行委员会委员长、全国海员总工会执行委员会委员长等职务，成为中国工人运动的著名领袖。

　　上海五卅惨案发生后，为抗议帝国主义屠杀同胞的罪行，在苏兆征和邓中夏等共产党人领导下，在香港和广州举行了举世闻名的省港大罢工。苏兆征担任中华全国总工会省港罢工委员会委员长，同时兼财政委员会委员长，直接领导指挥省港大罢工。1927年3月，赴武汉担任武汉国民政府劳工部长；同年4月出席中共五大，当选为中央委员、中央政治局候补委员。在八七会议上，苏兆征与瞿秋白、李维汉一起被推选为中央临时政治局常委，并负责管理中央财务小组和中华全国总工会，进入中共中央领导层，成为中共重要领导人之一。广州起义时，他被推举为广州苏维埃政府主席。1927年12月，担任中共中央湖北特委书记。

1928年2月，苏兆征赴苏联莫斯科参加赤色职工国际四大，并担任中共派驻共产国际全权代表；6月出席中共六大，继续当选为中央委员、中央政治局委员和政治局常务委员会委员，并按分工担任中央职工运动委员会书记。1929年春回国，在上海党中央工作，指挥全国工人运动。

严酷的斗争环境，长期的忘我工作，苏兆征积劳成疾于1929年2月25日病逝，时年44岁。

苏兆征对中国革命道路进行了理论探索与积极实践：积极组织发动工人阶级，发起城市工人运动，反对帝国主义和封建势力，争取武装夺取政权，推翻国民党反动派统治。在苏兆征所处的时代，这条道路尽管没能成功，但却展现了中国工人阶级在共产党的领导下，为了民族独立和人民解放而顽强拼搏的斗争精神和革命意志。

苏兆征的革命奋斗史，也是中国共产党早期革命斗争光辉历史的重要组成部分。

苏兆征对共产主义的信仰坚定、党性原则强、人格魅力浓，他的勤劳、守纪律、廉洁、谦逊、政治主张坚定等品质受到同时代革命同志的高度赞许。

2009年，苏兆征被中央宣传部、中央组织部等11个部门评为"100位为新中国成立作出突出贡献的英雄模范人物"。

目
Contents
录

第一章

在搏击风浪
中成长

/001

一、乡间耕读　　　/002

二、海员生涯　　　/005

三、参加辛亥革命　/009

四、改造家乡　　　/010

第二章

组织香港海员
罢工

/017

一、组织起来　　　/018

二、奋起抗争　　　/022

三、协调各方　　　/035

四、取得胜利　　　/044

第三章

加入中国共产党

/053

一、参加第一次全国劳大 /054

二、整顿香港海员工会 /056

三、北上参加国民会议 /058

四、参与筹备第二次全国劳大 /063

第四章

领导省港大罢工

/069

一、组织发动 /070

二、担当重任 /081

三、运筹帷幄 /086

四、结束罢工 /100

第五章

指挥全国工人运动

/107

一、统一省港工会组织 /108

二、当选"全总"委员长 /112

三、出任劳工部长 /115

四、主持太平洋劳动会议 /126

五、主持第四次全国劳大 /129

第六章 进入中共中央领导层 /135

一、出席中共五大当选中央政治局候补委员 /137

二、参加八七会议担任中央政治局常委 /139

三、推选为广州苏维埃政府主席 /142

四、主持中央工委工作 /147

第七章 中共六大赴莫斯科出席 /151

一、任中共驻共产国际全权代表 /152

二、再次当选中央政治局常委 /155

三、参加共产国际六大 /171

第八章 最后一息战斗到生命 /175

参考文献 /182

后 记 /185

【第一章】
在搏击风浪中成长

一、乡间耕读

二、海员生涯

三、参加辛亥革命

四、改造家乡

苏兆征出生时所处的时代，中国处于列强侵略和清政府及其后北洋政府腐败统治之下，是一个半殖民地半封建社会，在帝国主义、封建主义和官僚资本主义"三座大山"的压迫下，中国人民生活在水深火热之中。这个时代，也正是中国民主革命风起云涌之时。苏兆征的青少年时期，正好处在旧民主主义革命与新民主主义革命相交之际，他先是参与了孙中山所领导的反帝反封建的辛亥革命，再是投身到中国共产党领导下的革命斗争，奋力推翻"三座大山"的压迫。苏兆征"生逢其时"。

一、乡间耕读

1885年11月11日，苏兆征出生在广东省香山县淇澳岛淇澳村东溪坊一个贫苦农民的家庭里。及长，备尝生活艰辛。

苏兆征的故居是青砖土木结构平房，两间正房，并有一间小厨房和一间偏房。走进细看，墙上挂着几幅照片，仿佛在传达着岁月的故事。灯盏、瓷碟、铁茶壶等生活用品无不体现出这家人的简朴。

苏兆征故居

苏家老二、乳名阿吉的苏兆征，正是在这里出生长大。

苏兆征的父亲苏赋，字厚荣，是一位刻苦勤劳、为人老实忠厚的农民，早年当过地主家的雇工，后来租佃了地主几亩地耕种，起早摸黑，终年在土地上辛勤劳作。母亲钟偶是一位农村妇女，除辛苦操持家务外，还要下田劳动，有时则替人家打短工来维持一家生计。苏家一共有七个小孩，三男四女，人口众多，家中的生活负担也重，被迫借债度日，全家生活尤其困顿，苏兆征从小就过着极其贫寒的日子。家乡淇澳的乡亲这样回

苏兆征的父亲苏厚荣

忆他少年时期的情况："苏兆征兄妹很多，生活十分困难。他排行第二，从小便参加劳动，分担家中的生活担子。"自幼艰苦的生活环境，养成了苏兆征刻苦耐劳、克勤克俭的良好品性。

根据回忆文章和卢权等著的《苏兆征》所描述，苏兆征的童年生活极其艰辛，从小就过着食不饱、穿不暖的苦日子，童年从没穿过一双新鞋子、一件新衣服，冬天寒冷的时候，依然光着脚板，穿着一件再补的单衣。天气好时，母亲就把他背着在田间劳动，要不就放在田头，让他在地上爬滚，身上常常弄得都是泥巴；天气不好时，就留在家里，由长几岁的大姐阿媛照顾，大姐很疼爱弟弟，常把母亲留下的一些番薯给他吃，自己舍不得吃。[①]

苏兆征少年时期在家乡的直接记录资料不多，多为亲人或乡亲回忆或访谈，虽不尽精准，但也可以大致勾勒出他的家世和童年、少年生活：出身贫寒，条件艰苦，备尝艰辛，家庭温暖，只接受过三年私塾教育，但喜好珠算，备受教师喜爱和器重。

---

① 卢权、禤倩红：《苏兆征》，广东人民出版社1993年版，第9页。

苏家虽家境贫寒，但对孩子们的管教很严格。苏赋经常叮嘱孩子："我们苏家人穷志不穷，一定要做老实人，千万不要做那些偷鸡摸狗的亏心事。"父母刻苦耐劳、勤俭持家和诚实忠厚的品德在无形中影响着苏兆征。

三年的私塾学习，来之不易。因为家境贫穷，苏兆征到了十岁还没有上学，但内心却非常向往，每每经过村中私塾，总是在门口张望看着里面学生读书情景，想到家里困难却也懂事不敢向父母提出。倒是外祖母知道他的心思，就把平日里的积蓄都拿出来给他作学费，才得以到私塾读书。苏兆征的侄女回忆："伯父少年时代，因家境贫困，捱饥受饿，赤衣露体。他有一外婆，零仃一人，后把伯父带到她家，抚养了几年，把节省下来的一些钱，供他上了几年私塾。伯父为人公正，主持正义，遇事会讲道理，以理服人，聪明能干，学习成绩很好，深得同学的拥戴。"[①]同时，苏兆征也得到私塾教师王步千的照顾。王步千是一位思想开明、性格刚正且有正义感的知识分子，他喜欢勤奋好学的学生苏兆征，给予了耐心辅导，且时常勉励学生要努力向上，做一个对社会有用的人，且时常买笔墨送给苏兆征作学习之用。在王步千的启蒙和引导下，苏兆征懂得了一些历史知识和国家大事，增长了知识、开阔了眼界，也学会了一些做人处事的道理。

三年私塾教育，时间虽短，却为苏兆征打下了知识的基础。苏兆征深知读书机会来之不易，因此十分投入，放学回家做完家务就认真学习，家里没有纸张，就向邻居讨来旧日历本在背面抄抄写写。他对于珠算的学习更是用功，经过短时间学习，就能熟练掌握运用，常为家里或邻居打算盘计数且乐在其中。日后管理省港罢工财务或党中央的财务，可以说正是得益于此。喜好读书学习，成为苏兆征增长知识、追求真理，刻苦钻研马克思主义和中国革命理论，不断前进的法宝，伴其终生。

因为家境困窘，读了三年私塾后，苏兆征只好辍学务农。

苏兆征的家乡淇澳是个海岛，与香港、澳门相隔不远，南距澳门不到20

---

① 苏河英：《回忆伯父苏兆征》，载《苏兆征研究史料》，广东人民出版社1985年版，第402页。

公里，东南距香港30多海里，与内伶仃岛遥遥相望。全村1000多人，不少村民到香港、澳门谋生，其中有些是当船员，上海轮跑远洋，与海打交道。

四面环海的淇澳岛，出村口不远，即是一望无际的大海。少年苏兆征也勇敢地与小伙伴们下海游泳，虽也呛水、受大人责备，但学会游泳这一关是要过的。只有熟悉水性、在大海中与风浪搏击，才能获得与大海相处的自由。

苏兆征在七个兄弟姐妹中排行第二，因此当他刚刚懂事时，就开始做农活，日间上山砍柴，或到海边捕捉鱼虾，替人家放牛打零工赚点小钱帮补家用，或送饭菜给在田间劳作的父母亲；晚上帮忙照顾弟妹，料理家务，减轻父母负担，从小就养成了刻苦耐劳俭朴的品性。

在乡间生活的少年时代，苏兆征经历了艰苦生活的磨炼，也体验了人间百态。他诚实忠厚、谦逊好学、内敛自律，学会了与童年同伴友好相处。多年后，有些乡间玩伴也成为他的同事或革命战友。

二、海员生涯

苏兆征开始谋生的第一站，也是其革命生涯的起点，是香港。

在这里，他当上一名底层船员（侍仔），恶劣的劳动环境和艰苦的海员生活磨炼了他的坚强意志。也是在香港，苏兆征从参加互助性质的团体到参加辛亥革命的政治活动，既而在俄国十月革命的影响下，接受马克思主义理论，组织海员工会、开展罢工斗争，从一名海员工人一步步成长为一名真正的革命者。

1903年，由于在家乡无以为生，18岁的苏兆征离乡背井，跟随一些同乡来到香港谋生。初到香港的苏兆征，虽然得到了父亲朋友的关照，有免费的暂住之地，但找工作还得依靠自己的努力。他的第一份工是在一个码头做临时搬运工，这项工作要求年轻力壮能吃苦，忍受得了极其微薄的工资。尽管工作艰辛而且人工低廉，但总比在家耕田得到的收入多一些。因此，香港码头的资本家从来不担心因为出资太低而招不到人，对前来应聘的工人挑三拣四。苏兆征在码头做临时搬运工不到几个月，就被辞退，再到一个建筑工地当工人，但因不小心被石头砸伤脚，又被包工头辞退。

苏兆征两次失业后，经一段时间才通过一位当海员的亲友帮忙，再到一家"涉孖沙馆"（Ship Master）请求包工头的介绍，在英国怡和洋行属下的一艘来往香港至南洋各港口的轮船"乐生号"上当了一名"侍仔"（即杂役），开始了海员生涯。侍仔为船上最劳累、低级的一项工种，具体工作是在厨房里洗碗刷碟、端菜送饭，或擦地板、打扫卫生，服侍船上高级海员，随时听候工头的招呼，每天连续工作十六七个小时，每月工资却不到十元，还要被包工头从中克扣。

"涉孖沙馆"，也就是轮船用工代理公司。当时香港流行这种所谓的海员包工制，即是由包工馆把持，包工头与轮船公司勾结，凡要当海员要先交数十元所谓介绍费给包工头，上船工作以后，还要从每月工资中扣出一部分给包工头。具体来说，一个新入职的香港海员，要在入职前先给包工馆介绍费；接着每个月的工资并不能如数得到，其中的一部分要交给包工头；逢年过节，海员还要给包工头送钱；包工头会强制为海员统一购置生活用品等，并从中抽取大量佣金；包工头还会在船上或向海员贩卖鸦片，或强迫海员在船上赌博，致使海员收入减少。这只是作为普通海员在跑船过程中所需要承担的正常的经济损失，如遇到其他意外事故，海员的收入将更加微薄，甚至使得他们无法生存。包工制是除轮船资本家之外对香港海员的又一层盘剥。

香港，其时受"日不落帝国"英国的殖民管治，在第一次世界大战后经济贸易发展较为迅速，尤其是贸易带来的海上货物运输表现出色。1845年进出香港的外籍船只为20万吨，1907年跃升增至3800万吨，成为一个国际性贸易大港。多国资本家在香港设立轮船公司，经营航运业，其中尤以英国公司为众。在经济发展的同时，香港的物价比第一次世界大战前上涨了一倍以上，大大高于内地，"香港房租比广州贵三分之二，伙食各项比广州贵十分之二点五。中国沿岸通商各口岸，生活程度以香港为最高，非每月五十元以上的工资，不能携带眷属居住香港，不满二十元工资，不能寄钱回家养妻子"。在船上干活的中国船员，收入大多不高，处境也好不了多少。苏兆征在《中华海员工业联合总会报告——向中国海员第一次代表大会之报告》中对当时中国海员的收入情况和生活水平进行了分析，中国海员人数不下十万人，"海员月薪大约十余元至八十元，而十元与八十元者很少，大概二十至三十元的最多。在香港、上海等处，生活特别昂贵，即房租一项，每月至少也要十余元。而月薪又有包工头要克扣，日常生活当然万分艰难。我们海员，每一渡海，或者要两三年之久始能回来。我们工人丝毫无能力积蓄，所以家庭供给时不能济，因而卖妻鬻子者往往有之。这是我们海员的生活，和受经济压迫的痛苦！"①因而，反对歧视、反对盘剥，要求增加工资、改善生活待遇，就成为广大海员的迫切要求，也成为香港海员工会所应关心和重视解决的主要问题。

在受到经济剥削的同时，广东工人在香港从事海员工作，还遭受到政治压迫、民族欺凌。中国船员不能当船长、大副，只能当水手、烧火侍仔和餐室招待等低级海员，干最苦最脏的工作；同样的工作，工资待遇只及欧洲海员的两成，途中患重病或受严重工伤往往被惨无人道地抛进海里。船抵欧美各国，中国海员不能自由上岸，或者需经侮辱性的检查后才准上岸。也就是说，中国海员非但无法在同航中与洋人海员享受同等的自由、民主、公平待遇，就是连作为人最起码的生命健康权也得不到任何保障。所以，即使是农民出身，从小在海边长大的苏兆征，当了二十多年的海员，也"感受此种痛苦特甚"。②

苏兆征工作过的海轮，有"乐生号""泽生号""海檀号""海康号""塔头号"等英、美国家的轮船，主要的工作就是做侍仔，在船尾干杂活，干最苦最累的差事，连续工作十多个小时，等到收工时已经是筋疲力尽，干活的时候如果动作稍慢，还要受到工头或外国船员的斥责甚至殴打。有位船员曾回忆说："苏兆征曾于车台干活，具体职责是专门服侍船上的外

① 苏兆征：《中华海员工业联合总会报告——向中国海员第一次代表大会之报告》（1926年1月5日），载《苏兆征文集》，人民出版社2013年版，第27—28页。
② 邓中夏：《苏兆征同志传》，载《邓中夏全集》（下），人民出版社2014年版，第1318页。

国籍海员，侍候他们开饭，还要负责打理他们的房间床铺等。车台与侍仔同属船尾行管理，但地位比侍仔更为低贱，不仅要日夜不停地服侍船上的外国船员，还要受包工头的种种盘剥和外国船员的诸般欺侮凌辱。如果侍候稍不殷勤，便往往遭受斥骂以致殴打。我知道苏兆征是吃过不少苦头的"，"苏兆征虽终年辛勤工作，仍饱受外国老板和包工头的重重压榨，真是连气都透不过来。"①苏兆征自己虽然有了一份轮船上的工作，此后经多年努力当到"管家"职位，但家境仍然十分困顿。他在结婚之后，与妻子钟荣胜搬到香港居住，不久后生下两个孩子，一家人租住在一间小房子里，房租却又相当昂贵，生活相当困难。

正是这种艰苦的生活，磨炼了苏兆征坚毅的意志，也让他深刻体会到中国海员的艰辛与不易。长期漂洋过海更使苏兆征增长了见识，开阔了眼界，更养成了宽广的胸怀。正如后来的回忆文章称，苏兆征"十几岁时就做海员工人，在洋船的三等舱中当杂役，劳苦的操作养成了他坚忍不拔的性格，抛洋过海的生活养成了他度量宏大的胸怀"。②

为解决海员们的一些实际问题，减轻包工头盘剥带来的工作生活困难尤其是失业带来的家庭问题，香港海员们分头组织了各种名目的带有互助性质的"兄弟馆"，开展一些福利性的活动，这些团体就是日后海员工会组织的萌芽或雏形。苏兆征也参加了名为"义兴阁"的兄弟馆。苏兆征为人忠厚诚实、乐于助人，做事认真负责，和一般工友都异常亲密。他常常排解工友们的纠纷，宣传工人团结，在船上和"义兴阁"组织其他成员都得到海员们的信任。"为工友谋福利，为工人群众尽忠服务，成为兆征同志工作活动的最大特色与目的。"③

当然，苏兆征在香港当海员也并不是一帆风顺的，失业也是常有的事

① 卢权、禤倩红：《苏兆征》，广东人民出版社 1993 年版，第 25、28 页。
② 何蓬：《回忆苏兆征同志》（原载《正报》第 36 期，1947 年 5 月 3 日出版），载《苏兆征研究史料》，广东人民出版社 1985 年版，第 391 页。
③ 同上书，第 392 页。

情。但自从苏兆征初次成为海员之后，哪怕失业了，他再也没有去其他行业谋职，在香港一直都以海员为生。当时，苏兆征作为海员，常随从轮船航行至世界不同国家，有机会接触到发达国家社会与人情百态，看到不少新鲜事物，开阔眼界、增长见识，虽然不能长久停驻体验各国社会风情，然而也或多或少地知道了世界范围内工人群体为了争取自身的权益，与资本家作斗争的事迹。这些阅历，不仅拓宽了苏兆征的视野，而且也使他在心中萌生了效仿学习的念头。苏兆征仍然坚持继续当海员，因为他在海员群体中看到了曙光——海员工人团结，为了谋求海员工人的利益，海员工人群体可以形成一股强大的力量，与外国资本家抗争。对于海员遭受的压迫和剥削，苏兆征有着切身感受，"在船上深受帝国主义之压迫虐待而无路诉冤"。面对此种困境，与外国资本家抗争是香港海员过上好生活的唯一出路。

三、参加辛亥革命

在海员生涯中，苏兆征跟随海轮到了不少国家的一些港口，耳闻目睹了欧美国家工人阶级的生活和正在如火如荼开展的工人运动。他见识到了1906年法国四万多名矿工举行的罢工，看到了同年日本造船工人进行的罢工，也知道1908年英国三十万名工人为争取改善工作条件和生活待遇而举行的大罢工。对于欧美发达国家工人阶级反抗资本家的压迫剥削、争取自身权利而进行反抗的斗争，苏兆征受到了强烈的触动和深刻的教育，他希望中国的工人阶级通过自身的努力奋斗，不再受到资本家的压迫剥削、不再受到外国列强的侵略欺侮，国家强大起来，过上富足的生活。

其时，孙中山为推翻清朝统治而奔走海外，进行革命活动，在他跨越重洋的旅途中，常有机会和苏兆征等中国香港海员直接接触。孙中山热情地向船员们宣传革命主张，帮助他们组织起来，从事反清革命斗争。孙中山奔走革命流亡海外时，曾以乡谊关系与远洋轮船的粤籍海员有过不少联络，得到过他们的许多帮助。苏兆征与孙中山同是香山县人，有缘与孙中山接触、相处。孙中山对中国海员的生活待遇和工作状况深表同情，他还发现在海员中蕴藏着强烈的爱国情怀和巨大的革命积极性，遂鼓励他们组织起来，参加反对清王朝的斗争。

在孙中山的影响下，苏兆征被孙中山的革命主张所吸引，积极投身到推翻清王朝的革命活动。他参加了孙中山指导成立的"侨海联谊会"等团体；1908年加入了中国同盟会，后来同盟会改组为国民党时，他又加入了国民党，协助孙中山等革命党人秘密购买和运输军火、传递消息，运送革命党人，支持孙中山在南方的革命行动，想方设法为革命党人筹措活动经费。孙中山及同盟会所建立的海员联谊社、海员公益社均以苏兆征等人为骨干。香港海员也曾在船上组织过粤剧社，通过卖唱来为孙中山筹集资金。1911年秋，为配合广东地区的革命党人举行武装起义，苏兆征、林伟民等冒着生命危险，协助革命党人运送军火和起义人员，将军火顺利及时地运到革命党人的手中。实际上他已经自觉不自觉地开始了政治生活。苏兆征、林伟民等香港海员在推翻清朝统治中做出贡献，被革命党人誉为"广东方面的活跃分子"。虽然如此，但苏兆征并非香港同盟会或其后国民党支部的核心成员，史料中并未见苏兆征在辛亥革命中担当重要职务、从事重要活动的记载，其本人言语中也未有提及这段历史活动具体表现。总体上看，他只是处于革命领导中心外圈、积极参与革命活动的一位普通同盟会会员、国民党党员。而作为参加过辛亥革命的"活跃分子"，非核心层的普通会员苏兆征并没有因革命的成功而得到好处，如谋取一官半职、进入统治阶层；革命成功之后，依然是一位为家庭谋生的低层香港海员。

四、改造家乡

1913年，苏兆征再次失业，只好离开香港回到家乡。离开家乡十年，虽然当中他也经常回家看望父母，但居家时间一般也就两三天。这次他带上妻儿回到家乡住上一段时间，孝敬家中老人。日间到田间劳作，夜晚与村中父老乡亲倾谈，联络乡情乡谊，并萌发了改造家乡的想法。苏兆征组织乡民自治会，作破除迷信、移风易俗、改革陈规陋习的尝试。他提出反对买卖婚姻、提倡文明结婚，也劝乡亲们不要奉祀鬼神。苏兆征与少年玩伴、村中青年农民成立"阅报社"，与社员一起阅读从海外、香港带回来的进步书刊，或请村中老师念给大家听，然后一起讨论。苏兆征还成立了种植公司，进行植树造林，并以股份合作制形式认股，他带头认购了十股并动员父亲认购三股。种植公司章程规定，日后树木长大，将卖柴所得除留下部分作为入股者集体活动开支外，其余分给参加开山造林的会员。

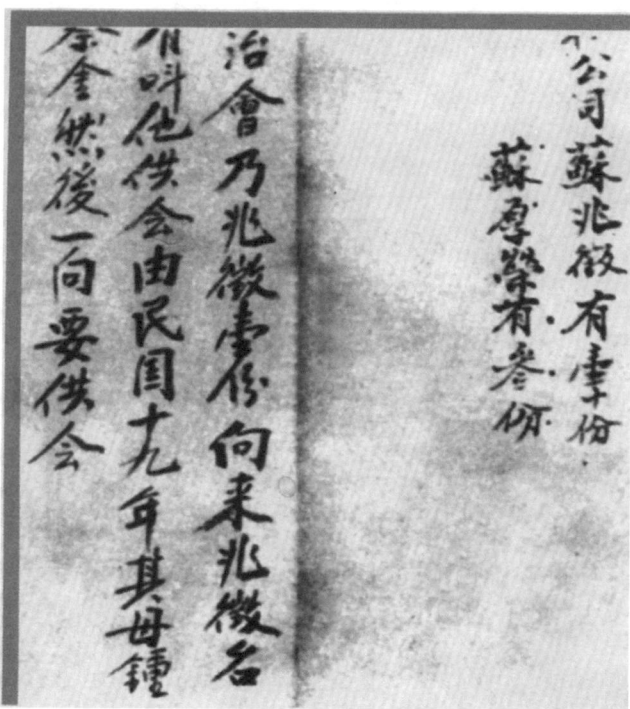

记载苏兆征早年在家乡组织种植公司和自治会的记事册

据乡民回忆，即便是在返乡居住的短暂时光里，苏兆征也不忘记向乡亲们介绍革命思潮，启发农民团结起来反抗地主豪绅的压榨。淇澳村里的恶霸苏雨田、王凤和、唐三才等人横行霸道、为非作歹，欺凌村民，霸占公尝、侵吞公款。村民们向苏兆征倾诉，希望他出面解决，讨回公道。苏兆征与乡民自治会会员蔡树宽、蔡辅廉等人商量后，发动乡亲们一起清算村中账目。

但苏兆征等人采取的行动，为土豪王凤和与劣绅唐三才、姚文伍、钟振山等觉察到，于是他们先下手为强，陷害苏兆征等人，买通官府将他们投入监狱。1914年底，乡民自治会集会商讨反对王凤和、唐三才等人侵吞公尝田的对策，为王、唐等所征知，遂勾结民团头目郭和吉等人带领团丁冲击集会群众，将蔡树宽、蔡辅廉、姚祖发等五人殴打致死。而苏兆征则在入狱一年多后才被放出。一年多的牢狱之灾并未使他退缩，反而促使他彻底走上了革命的道路。就如邓中夏在《苏兆征同志传》中所记："他做工二十多年中，亦有失业的时候，当他失业回到农村时，见农村中地主豪绅高利贷者对于农民之剥削与压迫，往往抱不平，鼓动农民从事反抗，后来有一次竟因此而被政府拘捕，入狱年余。"[①]

1915年春，苏兆征不得不离开家乡，再度到香港寻找工作机会，重新回到轮船上当海员。在此后几年的时间里，他变换了数艘不同轮船做工，但所从事的依然是一个非技术工种的低层船员工作。

1917年，俄国十月革命胜利的消息很快在中国海员中传开。

作为一名海员，苏兆征经常跟随船只涉足世界多地，出入外国港口，也很快得知十月革命的消息。后来，他随船到过符拉迪沃斯托克（海参崴）等地，直接与苏俄海员以及当地人民接触，倾听他们关于十月革命经过的介绍，亲眼看到革命胜利后俄国人民当家做主不再受压迫受奴役的生活状况，并且有机会阅读到一些介绍俄国革命和马克思主义等方面的书刊，进一步了解十月革命胜利的情况，渐渐认识到十月革命胜利的伟大历史意义，他从中受到鼓舞和启发，看到了中华民族解放的希望，更坚定了他斗争的信念与决心。

1919年北京爆发了五四爱国反帝运动，香港市民积极响应，苏兆征也加入了香港抵制日货等爱国活动。他常利用工余时间努力学习文化知识，阅读新文化运动书籍和报刊，学习马克思主义理论，增强文化理论修养，并把

---

① 邓中夏：《苏兆征同志传》，载《邓中夏全集》（下），人民出版社2014年版，第1317页。也有侄女苏河英的回忆文章，见《苏兆征研究史料》第403~404页。

所学知识与自己对现实生活的观察与体验结合起来，加深认识。一有空闲，他就与海员们一起分享革命道理，指出工人阶级所应享有的权利，揭露资本家的剥削行为。最初，苏兆征的工运宣传既受到尚未觉悟的工人冷遇，也被工会头目排挤，但他并不气馁，常热心帮助下层工人排忧解困，声望日高。由于经常与工人打交道，苏兆征的谦虚与忠厚深受工人敬佩，大家都喊他"大哥"。有如文虎在《苏兆征同志传》中所描述的那样："他在轮船上向工人宣传的初期，是没有群众欢迎的，有时竟遇到伙伴的讪笑和仇视，但是他并不自馁，随时检查自己工作方法的错误，在很艰难的困境中去研究工作的方法，创造有效的工作方式。他凭着马克思的理论，工作的经验和创造的天才渐渐地吸引了很多的海员群众在他宣传影响之下来！"①在与海员的言谈宣传中，刚开始有些海员不理解，苏兆征针对海员本身所受的非人待遇和生活困境恳切交谈，"虽然我们生来家庭贫苦，但我们不应怨天尤人，也不能靠别人来拯救，与其坐以待毙，不如起来斗争"，"我们要互相帮助、团结一致、不分界限，只有这样我们的力量才会强大，就像一根筷子很容易就被折断，但是如果十根筷子放在一起，就很难被折断了。我们这些工友也一样，一个人很难对付包工头，但我们联合起来，他们就不敢任意地欺负我们了"。苏兆征所讲的话说中了工友们的心思，越来越多的海员被他所吸引，愿意团结在他周围。

有如邓中夏所称，苏兆征"家为贫农，幼年便到海洋轮船中工作，先后工作了二十多年，足迹走遍许多国家，为一名有名的老海员，在二十多年被残酷剥削的苦状中，自然容易锻炼阶级的极端坚强的革命意识"。苏兆征在行动上也真正做到了为海员工友出头、帮他们做事，切实维护海员工友的切身利益。1920年，苏兆征在一艘英国籍轮船上做工，船上的包工头因童工为他捶腿手劲大了点而用皮带毒打，致小童工浑身是伤，苏兆征将工友组

---

① 文虎：《苏兆征同志传》（原载中华全国总工会编《苏兆征纪念册》，1930年2月7日印行），《苏兆征研究史料》，广东人民出版社1985年版，第383页。

织起来，一起与包工头进行斗争，带领船员堵住船长室的门，向船长提出抗议，要求解决包工头打人的事。船长看到船员们如此团结，担心船在航行中，如果船员真闹起事来，就会耽误行程，招致麻烦，因而只好答应赔偿药费。为提防船长报复，苏兆征与船员们商量对策，提出大家要团结一心，继续开展斗争，联名写信给轮船公司老板，要求他严肃处理行凶打人的工头，保证今后不再发生类似的事情，否则就一致行动，举行罢工，反抗到底。船靠岸后，苏兆征与工友们到轮船公司递交抗议信，但老板不以为然，甚至威胁说："都老实地回去给我开工，你们要是敢再闹事，就全部给我滚，我马上就找新的工人来顶替你们。到时候，看你们还闹给谁看。"轮船公司老板的回话，更让苏兆征意识到船员们团结一致的重要性，他向香港失业海员发出呼吁："我们都是受压迫的同胞，应该团结在一起。今天我们的斗争，不只是为了我们自己，也是为了大家共同的利益在斗争。所以我希望如果船上的海员被开除时，你们也不要上船顶工，我们联合起来打击资本家的嚣张气

海员苏兆征

苏兆征夫人钟荣胜

焰，让他们知道我们工人阶级也不是好欺负的。"很多船员积极响应，不受雇上船，其他轮船的海员听说此事后也纷纷行动起来，支持苏兆征他们的正义斗争。轮船资本家看到这样的架势，也担心势态会扩大下去难以收场，故也被迫答应了船员们的要求，并承诺不会打击报复参加此次抗争的海员，今后也不会再出现虐待工人的类似事件。这虽然是小小的斗争，却产生了很大的影响。各船工友都看到了，认为这是反帝国主义反资本家的第一成功，因此，更看清了无产阶级团结力量之伟大。①

苏兆征领导海员进行的反虐待斗争取得了胜利，他在斗争中表现出的才能与胆识也得到了海员们的认可，纷纷称赞他是"海员斗争的开路先锋"。在一次又一次率领海员们反抗轮船包工头、轮船资本家粗暴对待的斗争中，苏兆征逐渐成为海员们所认可的核心人物。苏兆征领导海员进行的反虐待斗

---

① 《苏兆征同志小传》（原载《劳动》第 24 期，1930 年 2 月 21 日印行），载《苏兆征研究史料》，广东人民出版社 1985 年版，第 368 页。

争，不仅很好地将外国工人的抗争精神运用到实际生活中，而且以此为示范，给生活在香港的内地海员起了很好的榜样作用。后来香港海员纷纷学习苏兆征的不畏强权的精神，也参与到为保卫海员权益的斗争中。在广大海员群众看来，苏兆征谦虚忠厚、深孚众望，是一位可靠的"大哥"。苏兆征也进一步认识到团结就是力量的重要性，必须联合更广泛的力量，将海员工人团结起来，依靠团体的力量才能取得与资本家斗争的胜利。

1924年苏兆征与女儿苏丽娃、儿子苏河清（中）
摄于香港

第二章

组织香港海员罢工

一、组织起来

二、奋起抗争

三、协调各方

四、取得胜利

经苏兆征和林伟民等海员中的积极分子一起筹备，1921年3月，在香港建立了中国海员工人第一个真正的工会组织——中华海员工业联合总会，并于1922年1月举行了震惊中外的香港海员大罢工，给港英当局以沉重打击，成为中国共产党成立以后工人运动第一次高潮的起点。在香港海员罢工开始时，苏兆征被选为罢工总办事处总务部主任，在罢工中期代理会长职务，负责罢工的全面领导工作。在斗争中，由于苏兆征立场坚定、勇敢机智，密切联系群众而博得广大海员的信赖与拥戴。正是通过香港海员罢工斗争及其后的实践锻炼，苏兆征自己也进一步成长起来，成为全国海员们心中的领袖。

作为1922年香港海员罢工的重要组织者，苏兆征无疑是这场震惊中外的罢工的中心人物，也正是因为香港海员罢工，苏兆征的名字为各界人士所熟知。苏兆征本人也由此走上了中国革命政治舞台，从一名普通海员成长为中国工人运动的领袖和中国共产党早期重要领导人。

一、组织起来

随着中国资本主义的发展，海运业也逐步兴盛。至1919年，广东连同香港的海员工人数量达六万人以上。具有现代色彩的中国工人阶级队伍已经初步形成。来自内地尤其是广东、浙江等地的香港海员工人为了与以包工头为代表的包工馆剥削进行抗争，也曾自发组织了被称为"兄弟馆""民主馆"或"慈善会"的团体100多个，这些馆口多为海员们自己集资筹办，按各自的籍贯或群体而组合，属于互助性质，主要是为海员自己服务，为海员办过一些福利事业。假如海员失业了，一时找不到工作，可以回馆口暂住。这样的团体会给海员带去微薄的福利，成为海员在香港躲避小风小雨的港湾。但其组织涣散，只是小范围、少数人的小联合，在应对手段狠毒、占有众多资源的资本家时，这些小团体无法真正捍卫海员的权利。苏兆征也曾加入这样的馆口，但他也注意到这些馆口因籍贯、地域之偏见，使海员不同群体各自为政，海员的力量难以团结起来，缺乏战斗力和号召力，无法挑起斗争的重任，希冀通过这样的组织与资本家作抗争、谋求海员工人的合理权利，是不现实的。必须学习外国工人阶级，组织起强大的具有战斗力的工会组织，真正代表工人阶级与资本家抗争，争取应有权益。苏兆征已经萌发了开展工人运动、争取工人权益的意识。

苏兆征联络了同乡林伟民、戴卓民等海员中的"觉悟分子"，在海员中大力宣传建立工会组织的必要性，同时由陈炳生等人与香港的"兄弟馆"进行联系，积极筹备建立海员工会。1921年3月6日，海员工会正式成立，定名为"中华海员工业联合总会"①。陈炳生被选为第一届会长，林伟民、翟汉奇、邝达生、罗贵生、冯永垣、陈一擎等人被选为干事会成员。这是中国海员工人第一个真正的工会组织，也是中国最早出现的现代化产业工会组织之一，它从组织方面为香港海员工人开展反帝斗争创造了条件。

苏兆征、林伟民和中华海员工业联合总会（香港海员工会）部分海员代表合影

---

① 习惯称为"香港海员工会"，下文两种叫法并用。

中华海员工业联合总会的会址设在香港中环，港英当局承认它为合法组织，以后又相继在上海、广州、汕头、香山等地设立分会。

香港海员工会成立后，苏兆征即在1921年5月敦促香港海员工会干事召开会议，商议如何解决海员工人们集体反映的要求增加工资的提议。经过两次会议商议后，苏兆征等人提出的成立"海员加工维持团"建议被香港海员工会采纳并付诸实践。"海员加工维持团"虽然是附属于香港海员工会，但其内部组织机构非常完备，有交际部、调查部、劝进部、疏通部、代表部等。苏兆征将心血倾注在这个组织上，以这一新成立的办事机构出面维护海员工人群体权利，积极谋划组织海员争取增加工资的行动。

苏兆征在筹备中华海员工业联合总会（香港海员工会）的过程中，也组织开展了几次小规模的与资本家抗争行动，积极争取海员的利益，反抗资本家的剥削和外国轮船洋高管的压迫，从而得到了广大海员的信任和支持。他关心海员工友的生活，热情为失业海员联系工作，赢得海员们的敬重。

针对海员中存在的帮派行会观念，他提出，地方主义、行会界限严重阻碍了海员工人的团结，应该予以摒弃，只有加强海员之间的团结，才有光明的前途。他建议，在各轮船中建立工会组织基础，组建干事会，使船员不仅在岸上，在船上也能团结起来，开展工会工作。

香港海员工会的成立，使广大海员工人有了组织的依靠。苏兆征更是感到工人组织起来后力量的强大，在争取工人权益、反抗资本家的压迫剥削的斗争中，增强了信心和勇气。

苏兆征当海员时使用过的"劝捐缘部"

　　由于在海员中存在浓厚的论资排辈观念，加上行会界限和帮派讲究等原因，苏兆征在成立时并没有被选为工会干事，更非海员工会的会长，只是海员工会的司理，负责财政管理工作，但他对此毫不计较，以实际行动拥护工会的领导，积极执行工会布置的任务，一如既往为广大海员做好事情，一心一意为海员工人服务，在海员工会发挥了很大的作用，"他的才干在日常的生活里也是看不出来的，可是在工人群众的集会上，他就像个呼风唤雨的魔术师，他的每一句话都为工人所倾心乐意地接受，并在内心里鼓舞起斗争的热情，他的讲话和号召，不啻成为工人行动的指令"。①经过实际斗争的锻炼，苏兆征在事实上已经"把他自己训练成为海员的领袖了"。②

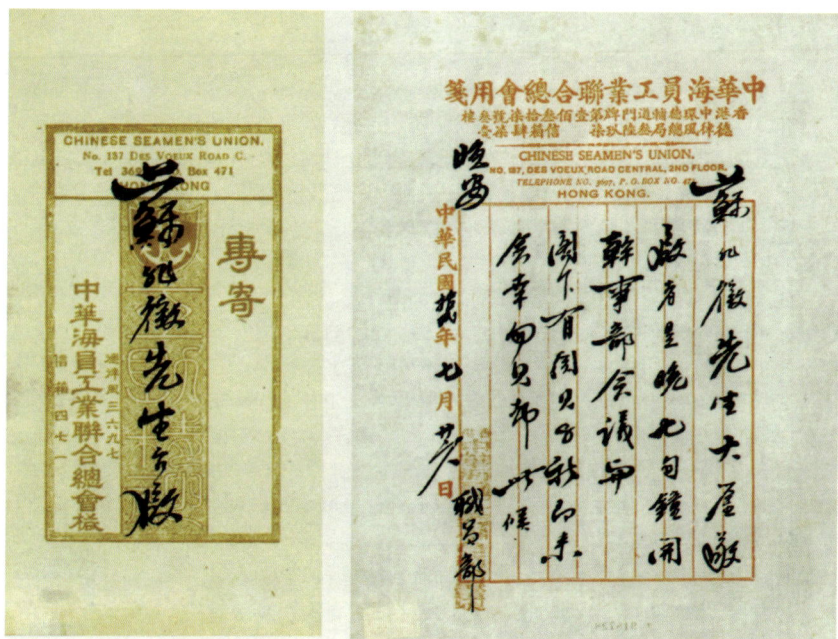

中华海员工业联合总会给苏兆征的开会请柬

---

① 何蓬：《回忆苏兆征同志》（原载《正报》第36期，1947年5月3日出版），载《苏兆征研究史料》，广东人民出版社1985年版，第391页。

② 《苏兆征同志小传》（原载《劳动》第24期，1930年2月21日出版），载《苏兆征研究史料》，广东人民出版社1985年版，第368页。

二、奋起抗争

1922年1月12日，在第三次向资方提出增加工资的要求被无理拒绝后，香港中国海员在中华海员工业联合总会的组织领导下，举行了大罢工。短短一个星期内，罢工规模迅速扩大，海员纷纷从香港返回广州。从2月初起，罢工从要求增加工资的经济斗争，发展成为反抗帝国主义压迫的政治斗争。3月8日，历时56天的香港海员罢工宣告胜利结束。香港海员罢工是中国共产党成立后我国工人运动第一次高潮的起点，被邓中夏称为"中国第一次罢工高潮的第一怒涛"，同时它也是国共两党在建立与巩固广东革命根据地斗争中合作的起点，在中国职工运动史上具有重大的历史意义。

> ### 中国共产党成立伊始即将发动工人运动为己任
>
> 1921年7月，在马克思主义和中国工人运动相结合基础上，中国共产党宣告成立。作为马克思主义与中国工人运动相结合的产物，中国共产党从诞生之日起，即着手分析中国国情，制定反帝反封建的民主革命纲领，将发动工人运动为己任。中共一大通过了关于集中力量领导工人运动的决议中指出："组织产业工会为我党基本任务。凡拥有一种以上产业部门的地方，均应组织工会；在没有大工业而仅有一二家工厂的地方，可建立适合当地条件的工厂工会。"中国工人阶级从此开始走上历史舞台，扮演重要角色。1921年8月11日，在中国共产党成立不到20天，党中央迅速成立了可以公开领导工人运动的总机构——中国劳动组合书记部，作为指导全国工人运动的机构，在《共产党》月刊第6号发表的《中国劳动组合书记部宣言》中宣布："中国劳动组合书记部是由上海——中国产业的中心——的一些劳动团体所发起的，是一个要把各个劳动组合都联合起来的总机关。"并预言："将来的世界一定是工人们的世界。"自成立之日起，这个先进组织就向工人宣传马列主义，帮助工人组织工会，领导罢工斗争，致力于开展工人运动，发动和组织广大工人群众进行争取和保护自身利益与合法权利的斗争，中国革命展现出崭新局面。
>
> 当其时，尚未加入中国共产党的苏兆征与林伟民等人组织发动了香港海员罢工。

苏兆征组织领导了这次罢工运动。他从罢工的初始动员，罢工队伍内部的行政事务、财务收支管理到斗争方略的制定，以及对外联络，与港英当局、轮船资本家的交涉调停谈判等，都是亲力亲为，做好统筹协调、决策指挥，带领罢工海员向资本家开展了有理有节却是坚忍不拔、极其艰难的斗争。组织领导数以万计的罢工队伍，应付外部强大的对手，与港英当局和轮船资本家进行针锋相对的斗争，其规模和复杂程度均前所未有。作为一个毫无背景、资源，"赤手空拳"的普通海员，苏兆征以大无畏的精神与巨大的魄力，挑起了组织领导协调罢工这一重任。他所依靠的仅仅是一个成立不久的海员工会组织和一班动员起来的热血海员工会会员，外部则是争取到广东政府支持，随后的中国共产党力量，以及同情海员工人的社会人士。唯其不变的支撑是为工人争取合法权益的信念。

（一）筹备与发起罢工

1. 香港海员生活状况

20世纪20年代，仅有60多万人的香港，已经成为亚洲的一个重要国际贸易中心和航运中心。贸易和航运，是香港体现其价值的重要方式。当时在香港的轮船公司来自多个国家，注册轮船数量达到数百艘，有多条国际、国内航线。在第一次世界大战之后，香港经济向好，但物价上涨，香港的中国海员的工资待遇却没有丝毫改善，反而受到轮船资本家和包工头更为残酷的盘剥，生活水平不断下降，度日艰难。第一是工资少；第二是包工制抽水；第三是民族间的不平等。他们长期遭受英帝国主义的殖民统治和种族歧视，中国海员和白人海员做同样的工作，工资待遇却不及白人海员的五分之一。中国海员还要受资本家及包工头的剥削，并随时受到无故开除的威胁，过着非常艰难和痛苦的生活，心中积压着对资本家、包工头和英国殖民主义者的怒火。苏兆征的经济状况和生活环境也同样处于困难地步，一家四口住在香港一座楼房中用木板隔成的一间小房子里面，拥挤不堪、空气不流通。苏兆征工资低、收入少，入不敷出，妻子钟荣胜除了要带两个孩子，有时还得出外打短工帮补家用。

苏兆征与香港中国海员航行于欧美国家港口和国内港口，受到当时如火如荼的西方资本主义国家工人运动和国内工人运动的影响，阶级觉悟不断提高，反抗剥削和压迫的意识逐渐觉醒，反抗斗争的积极性不断高涨。

香港的中外企业都在最大限度地压榨中国工人的廉价劳动，尽可能少地给予工人群体劳动报酬。流离到香港谋生的中国工人，虽然与省城广州相隔不远，然而在香港的外商企业打工，就免不了会受到英国殖民主义者的歧视和人格侮辱，民族尊严也无法避免被无情践踏。与省城较少承载这种民族歧视和人格侮辱苦难的工人群体相比，包括香港海员在内的香港工人处境更为艰难。英国驻华领事馆官员曾在报告中坦言："这个民族可谓一贫如洗，情愿劳动不计工时，工资再低，条件再差，他们也情愿干活。"①外国企业主根本就不在香港和内地采用其在母国普遍施行的企业制度，而是宁愿在其企业中推行于己有利的中世纪传统，采取超经济强制手段，实行前资本主义的掠夺性剥削方式。大搞"包工制"的也恰恰是外商企业，这种"包工制"确是害苦了在港工人。包工头不仅把经他们招募的工人工资克扣大半，而且强迫工人付给安置费，定期缴纳"酬金"。苏兆征等人组织发动罢工，自然受到了类似于"苦秦久矣"的海员工人支持和参与。

2. 筹备罢工

初时苏兆征酝酿海员罢工，更多的是从罢工海员的经济诉求和民族因素去组织、联合工人群体进行罢工，与香港轮船资本家讨价还价。

在1921年初，英国的昌兴公司船只以数万元的担保与宝泰办馆订立包工条件，每人每一水要扣四元，海员听说后"甚为愤激"，都觉得生活程度日高，经济压迫是不堪了，若再扣四元，那就不能生活了。当时又一连发生了几次帝国主义者虐待海员的事件，促进了海员的觉悟。②5月17日，香港海员工会会长陈炳生召集干事会及部分骨干分子开会，讨论如何解决广大海员工友的生活困难等问题。苏兆征提出，工会应该带领大家向轮船资方提出反对盘剥、改善生活待遇等要求。苏兆征"真是代表海员工人的利益，特别注意船上海员工人生活待遇的改良，工人实际利益的争取，故

---

① 《中国劳工状况》（1925年伦敦皇家文书局印刷），转引自肖传经等：《关于中国劳工状况的文件》，载《南开史学》1982年1期。

② 苏兆征：《中华海员工业联合总会报告——向中国海员第一次代表大会之报告》（1926年1月5日），载《苏兆征文集》，人民出版社2013年版，第28页。

努力作加薪改良待遇的宣传，以促进加薪斗争"。①林伟民更明确指出，海员自发、零星地提出改善待遇作用不大，应由工会代表全体海员有组织地向轮船资方提出总的要求，以取得更好的效果。会长陈炳生犹豫不决，但会议最终在苏兆征、林伟民的坚持和大多数参会人员的支持下，决定广泛征询海员们的意见，号召大家团结起来，一致行动，向资本家提出改善海员待遇等要求。

1921年6月4日，海员工会再次召开干事会和在港海员大会，达成共识，决定向轮船资本家提出增加工资的要求，并成立"海员加工维持团"作为"专理加工事务""谋公共前途之幸福"的机构。由于苏兆征、林伟民等人一贯的突出表现，在群众中享有很高威望，大家推选他们负责筹组并主持"海员加工维持团"的日常工作。为了进行事前的各种准备，"海员加工维持团"成立了交际部、代表部、调查部、劝进部、疏通部等部门，分头联络和发动海员，并以"中华海员工业联合总会加工维持团"名义发表宣言，指出："百物腾贵，租项日增。试问你们工值的几何呢？日常衣食住的用途几何呢？""孤掌难鸣，独立难持，必须要合力互助，而后众擎易举的吗？"宣言号召："我们同业的工人啊，须当猛省觉悟，急起直追，切莫迟疑观望，自馁其气的了。请看现在的世界，是工人自由的世界，还是专制魔力的世界哩。"海员们反抗资本家剥削和压迫的意识被唤醒。

经过三个多月的紧张准备后，香港海员工会于1921年9月正式向各轮船资本家提出了三项要求：

（1）工资十元以下者加五成；十元至二十元加四成；二十元至三十元加三成；三十元至四十元加二成；四十元以上者加一成。

（2）工会有支配工人权（按即职业介绍权）。

（3）雇工合同签定时，工会有派代表权。②

---

① 王灼：《苏兆征同志事略》（原载《红旗》第17、18期，1929年4月13日出版），载《苏兆征研究史料》，广东人民出版社1985年版，第354页。

② 转引自卢权、禤倩红：《苏兆征》，广东人民出版社1993年版，第69、70页。

但资方不予理睬，根本就不予答复。

同年11月，香港海员工会第二次向资方提出上述要求。而在这时，各轮船资本家反而给外籍海员增加15%的工资，海员工会提出的要求却又被拒绝。轮船资本家这种带有挑衅性的做法，让中国海员感到极大的愤慨。为顺利推进罢工斗争，苏兆征等骨干进一步做好各种准备工作，并分头进行深入宣传发动。

在此期间，苏兆征、林伟民等人在香港一家咖啡厅举行了一次重要会议，研究罢工的策略、分工等问题。在讨论罢工策略时，会上出现了两种不同的意见：第一种认为海员可以在船上就地罢工，让船只在海上陷于瘫痪；第二种主张海员随船返回香港后，上岸罢工，在香港就地坚持斗争。面对两种意见，苏兆征和林伟民提出第三种意见，主张海员们在香港举行罢工后，学习1920年香港机器工人的斗争经验，及时撤回广州，以广州为阵地坚持罢工斗争。当时香港机器工人罢工后，正是由于及时撤回广州，得到广州各界群众的支持，才最终取得胜利。会议采纳了苏兆征、林伟民等人的意见，决定根据以广州为阵地开展斗争的既定方针，在广州成立一个罢工办事处，由苏兆征负责，组织领导海员们在广州坚持斗争活动，同时负责处理罢工过程中有关事宜，争取外界支持；工会会长陈炳生、骨干林伟民等暂留香港，继续发动海员罢工，联络争取香港各行业工人的支持，并应付港

香港海员罢工后返回广州在西濠口越华酒店设立办事处。此为当时的越华酒店

英当局可能采取的压制罢工政策，待时机成熟返回广州后，共同参与领导罢工斗争。会后，苏兆征专程前往广州，与广州的工会组织联络，商讨有关事宜，争取他们的理解和支持。随后，苏兆征在广州筹办罢工办事处，预备了多间宿舍，购买了一批食品，以备日后举行罢工时可以使用。

苏兆征为准备罢工跑前跑后，积极筹备各种事宜，尤其是着手募集罢工经费。苏兆征等发出工人生活表及要求条件到各埠各船给海员传看，并派人到各埠各船报告工会情形及罢工准备情形。与此同时，海员工会还联络外国海员要求援助，联络中国其他运输工人要求援助，各国工会凡知道地址的便向其发信要求援助。

3. 罢工爆发

一切准备就绪后，1922年1月12日上午，香港海员工会第三次向轮船资方提出了增加工资、改善待遇等几项条件，并声明限资方于24小时内做出明确答复，否则将一致举行罢工。资本家对海员工会的最后通牒仍置若罔闻。当天下午，在忍无可忍的情况下，海员工会发起总罢工，参加人数约1500人。凡香港开往广州、江门、澳门、梧州的轮船以及到港的英、荷、法、日、美各国的海洋轮船一致罢工，海面全部停航，震惊中外的香港海员罢工爆发了。

苏兆征先返回自己做过工的"泽生号"轮船，将船上海员召集起来阐明香港海员所面临的形势，言之以理，动之以情。他提出罢工的方案，希望"泽生号"的海员听从指挥，集体罢工。"泽生号"的海员们纷纷表示，如果资本家拒不接受海员们的正义要求，就一致起来响应工会的号召，共同采取行动，坚决进行斗争。后来，当香港海员工会正式下达罢工命令时，在苏兆征组织带领下，"泽生号"的工人兄弟是第一个罢下来的。①其他轮船继续到港，参加到罢工行列中来。这种形势，很快影响到新加坡、暹罗（泰国）、中国上海等口岸，汕头亦随即加入罢工。有些船在半路便罢工，有些

---

① 刘达潮：《回忆苏兆征同志》，载《苏兆征研究史料》，广东人民出版社1985年版，第407页。

船不敢开来香港。一星期之内，参加罢工的轮船有123艘，罢工海员达6500多人。

香港海员工会将罢工总办事处设于广州，在香港设分办事处和秘密机关，在汕头另设办事处专管汕头。

（二）沉着应对：交涉、调停与谈判

罢工举行后港英政府甚为惊慌，因为这完全出乎意料。当晚便派华民政务司（英国人，专门管理中国居民的官员）夏理德到海员工会，带半讥讽半威吓的劝告，叫海员回船做工，工资将来慢慢商量，他道："本港政府是不准罢工的！你们有什么要求可向本政务司提出，由本政务司全权负责处理。你们罢工，难道不怕饿死吗？"苏兆征理直气壮地回答："我们提出要求已有三次了，每次都通知你，你为什么不早出来说话？现在我们罢工了，你却来恐吓我们，我们是不会怕的！你如何处理这次罢工不能由你自作主张，非答应我们海员的要求不可！至于饿不饿死，是我们海员的事，用不着你操心！我们相信有海员工会组织作靠山，我们参加罢工的海员是不会挨饿的！"

苏兆征等代表态度坚定，表示非答应条件誓不上工。此时群众挤满工会内外，大家高呼罢工口号，华民政务司只得狼狈离开。

在苏兆征等人离开香港到广州后不久，1月13日，港英当局便发出通告，一边虚伪地表示正积极与资方协商解决办法，海员所提出的增加工资要求资方也表示可以磋商，同时又威胁所有罢工工人必须在16日前复工，否则就是没有诚意谈判，当局在报纸上发布消息称"加薪已获解决"。留在香港负责罢工工作的会长陈炳生等人竟然听信港英当局这一诱骗把戏，在没有通知在广州的苏兆征等人的情况下，突然发出"复工通知"。林伟民知道后当机立断表示反对，并迅速派人追回传单送往广州，苏兆征在了解香港的情况后，马上召集罢工海员代表开会，提出在增加工资的问题未获解决之前，决不复工。同时，苏兆征以海员罢工办事处名义在报纸上发表声明："经同人等严密调查，始知全非事实，显系二三办事人所为，事非公决，势难承认。

总之同人态度已定，宗旨已决，加薪条件一日未得有保证之签字，则一日未便开工。"经过苏兆征等人的努力，陈炳生承认错误，改向香港罢工海员申明不予复工，这一风波很快就平息下去。

1922年1月17—18日，港英当局两次与林伟民等海员代表谈判，诱骗他们接受轮船资本家的条件，林伟民始终立场坚定，斩钉截铁地表示：不达目的，誓不停止罢工斗争。

（三）扩大罢工规模

由于港英当局和轮船资本家拒不答应海员的要求，为了扩大罢工的声势，香港罢工海员积极联络和争取香港运输业工会举行同情罢工，给予港英当局和资本家以更大的打击。1922年1月底，在海员工会的动员下，香港运输工人也举行罢工，罢工人数增至3万人以上。

港英当局采取离间、恫吓、威胁手段对待罢工海员。1922年2月1日，港英当局强加香港海员工会罪名、悍然宣布香港海员工会为"非法团体"，派遣军警查封了海员工会会所，强行将中华海员工业联合总会的招牌拆去，抢走工会文件、账簿，理由是海员工会打算陷香港于危险之境；又将声援海员罢工的海陆现货员工会、同德工会、集贤工会等运输业工会组织封闭，宣布这些工会为"违例工会"，拘捕运输业工会4名办事人员，企图将罢工压制下去。然而，压迫愈深，反抗愈烈，当局的这些行为更加激起了海员和广大工人群众的义愤。罢工人数不减反增，香港人心惶惶，经济每况愈下。从2月初起，罢工从要求增加工资的经济斗争，发展成为反抗帝国主义压迫的政治斗争。

1. 调停破裂

香港运输工人一致罢工，使港英政府更为困难。迫于日益严重的局势，港英当局的气焰逐渐削弱下去，对付罢工政策转而寄希望于采取调停、收买、谈判的手段来平息罢工运动。

在邓中夏所写的《中国职工运动简史》和《苏兆征同志传》对香港海员罢工描述中，相关的调停和谈判过程讲得相当具体生动，非亲历其境者告知

不可能写得真切，很有可能就是苏兆征亲口向他讲述的内容。罢工伊始，港英当局先采取威胁高压手段，中间托华工总会、商会、绅士调停劝说（其中有华工总会牵头的，东华医院①的绅士代表、外商代表、华商总会代表等代理人），再到利用华商进行利诱，如香港著名的大绅士罗旭初约海员代表到他的写字楼去，准备向海员代表行贿。港英当局与资本家使出各种手段，步步紧逼，甚至设下圈套引诱罢工海员代表上钩，但都被苏兆征、林伟民等罢工领导人识破。

港英当局首先唆使华工总会到广州，协同基督教青年会和中国航业公司向海员工会调停。海员工会表示："这次罢工，港英政府不但不居中调停，反而采用高压手段，封闭我工会，逮捕我工人，野蛮之极！我们只有坚持到底！"这一场调停遂无结果。

华工总会调停既失败，港英政府又唆使东华医院用街坊名义出面调停，写信到广州请海员工会派代表到香港。海员工会派了五个代表到香港，首先提出恢复工会为先决条件："工会招牌——'中华海员工业联合总会'一字也不能增，一字也不能减，而且要给还原有招牌。"但无法得到解决。绅士们说："你们罢工我们不反对。但你们要顾念现在香港的粮尽食绝，岂不把几十万留居香港的中国同胞活活地饿死。"海员代表说："是的，香港居民将绝食，这是实情。我们早已预计到的，而且早已挂念着的。但是，我们挂念香港居民，而你们却一点也不挂念海员，我们海员老早就有几十万要饿死了。我们此次罢工，更苦得要命，天寒肚饿，你们为什么不曾说一句救济的话呢？"海员代表声言："增加工资，改良待遇，是天经地义的事。而港英政府反把工会封闭，且把同情罢工的工会也封闭；还要逮捕工人，拘禁领袖，是何道理？你们为什么只替政府说话？政府既没道理，你们为什么不帮助我们？"

---

① 邓中夏在《中国职工运动简史》中注：东华医院，乃留居香港的中国绅商之大集团，其名义是一医院，其实是一社会集团，不用说是一仰承帝国主义颐指气使的洋奴组织，故在香港颇有政治势力。

　　在回应华民政务司所称"恐吓他人罢工""加资问题"时，海员代表说："恐吓他人罢工，有何证据。用莫须有的罪名，用机关枪拆去我们工会招牌，抢去我们工会家具，还说我们恐吓。中国海员罢工是多么文明哟，你看，香港自罢工后，秩序比前好得多（按意即谓市面萧条）。英国煤矿铁路海员三角罢工，我们中国海员去到伦敦，他们还要我们一共参加。现在我们还没有邀请各国工人同情罢工哩。说到加工资，如果港英政府主持公道，早就应该调解。我们三次向资方提出要求时，同时通知政府，而政府看不起中国海员，全然不管，因此激成罢工。说到将来举出代表公道评判解决加资问题，那我们'唔领过的咁口既哟'（按即不上这个当的意思）。现在的问题很简单，第一送还工会招牌，第二承认加资条件，我们立刻上工。如工会招牌要改，那么加资问题也不必谈了。"

　　当天晚上，"西人商会"的上海银行大班、渣甸洋行大班、Wion燕梳公司大班等请海员代表谈判。洋人资本家说了一套与华民政务司相类似的话，海员代表亦用与答复华民政务司相类似的答复。一场谈判无结果而散。

　　到此时已是山穷水尽了，港英政府暗使华商总会约海员代表去谈话。香港著名的大绅士罗旭初约海员代表到他的写字楼去，他说："今天的事你几人帮助我一下就可解决。"海员代表说："什么叫帮助？你不来帮助我们，反叫我们帮助你！"他说："一切都在你们身上，你们说什么就可解决。"海员代表已料定罗旭初有行贿的意思，乃说："我们什么都取决于罢工工人，哪能说在我们几人身上。"说毕不顾他的强留而走了。

　　港英政府布置了这一个天罗地网，假使海员代表不得其人而言，将会落在他们的圈套中。"中国的大绅士、西商大老板、华民大老爷，从前眼角都不瞧工人的，今则这样和顺与谦恭，甚至于表露行贿的意思，如果海员代表稍一动摇，全盘糟了。"然而海员代表却坚持到底，应付裕如，不能不说是难能可贵。"海员代表之一便是苏兆征，说话亦以他为最多。"

　　"港英政府对于罢工的策略，先之以欺骗，继之以压迫，三之以调停，四之以破坏，最后出之铁血，然而均不能奏效，至香港全市工人同情罢工后，更见狼狈万状，不得已只得令沙面英领事并派副华民政务司到广州要求广东政府出任调停。"①

1922年2月7日，针对港英当局提出要求广东政府出面调停的新手段，香港海员工会决定召开会议研究对策。会上一致通过了由苏兆征主持制定的包括"恢复'中华海员工业联合总会'原状及现被封各工会，释放被拘禁办事人员"等九项原则，作为与对方谈判的条件。原则既定，海员工会和罢工总办事处决定由苏兆征、翟汉奇、陆常吉、卢俊民四人为代表参加谈判。港英当局表面做出让步姿态，实际则采用各种说辞麻痹谈判代表，时而诱骗，时而威迫，甚至妄图用金钱来收买海员代表，千方百计诱惑苏兆征等堕入他们设置的"先行复工、条件后议"的圈套中。在谈判过程中，港英当局派出的代表很"可怜"地说："香港几十万中国居民没有粮食，必会饿死，我们白人在那边并不多呢。"要求海员工会先准香港船来广州自由采买粮食。海员工会代表说："可以，你叫船来，但买不到粮食不关我们的事。"果然第二日港英当局让海军开一船来，但来了一天，一块肉一粒米都买不到手，叫艇艇不来。他们没有丝毫办法，只得把空船开回香港去。邓中夏在《中国职工运动简史》中赞誉："海员代表却不激不随，坚持到底，应付裕如，不能不说是难能可贵。"②个别代表曾表现出软化动摇，主张向港英当局让步，担心罢工斗争再拖延下去难以维持；同时认为工会只要能存在，即使将海员工会迁回广州办公，把工会名称改为香港支部，亦无不可。但是苏兆征始终立场坚定、态度鲜明，坚持原则、反对妥协，时刻警惕并及时识破港英当局和外国轮船资本家的种种阴谋手法，表现了坚定的革命信念和高超的斗争智慧，团结和带领海员把罢工斗争坚持下去。

---

① 邓中夏：《中国职工运动简史》，载《邓中夏全集》（下），人民出版社2014年版，第1395~1396页。
② 邓中夏：《中国职工运动简史》，载《邓中夏全集》（下），人民出版社2014年版，第1390页。

香港海员工会决议案内容

2月7日，海员工会召集大会通过决议案。

（甲）暂时办法如下：

一、工人月薪在十五元以下的加百分之四十。

二、工人月薪在二十五元以下的加百分之三十。

三、工人月薪在二十五元以上的加百分之二十。

四、必首先承认后面丁项原则，然后可谈暂时办法。如果船主承认此项暂时办法，海员全体即刻复工，由公断处商议（丁）项决议案。

（乙）公断处设在广州。

（丙）公断处由下列人员组织之：

一、广东政府代表，二、英国总领事代表，三、西船主代表，四、华船主代表，五、海员代表。

公断处人数，由广东政府和港英政府商议后决定。这个公断处有讨论解决罢工之权。

（丁）中国海员工会提出下列八条，请求公断处讨论。

一、工人工资在每月三十元以上的加百分之三十，在三十元以下的加百分之四十。

二、罢工之后，复工的工人不能加以任何理由歇业或降职。

三、工资增加适用于现在香港停泊的轮船，和从各埠向香港开驶的轮船。

四、船主雇用海员，须由海员工会介绍，以免经手人克扣工钱。

五、签立雇用海员合同时，须有海员工会派证人到场，否则无效。

六、无论海员或海员工会的职员不得因无相当理由递解出境。

七、加工资日期由一九二二年一月一日起。

八、中国海员复工之后，雇主须加以平等待遇，不得苛虐。

决议之后，电告港英政府，并于（丁）项所列八条之外，再加一条："恢复中华海员工业总会原状，及现被封各工会与被禁之办事人。"

2月中旬，海员工会会长陈炳生因杀妻获罪被捕。为保证罢工斗争顺利进行，不受干扰，海员工会及时召开会议，讨论补选会长问题，大家一致推选苏兆征为代理会长，主持罢工斗争的全面工作，他原来担任的谈判代表一职，则由林伟民接任。为了表示海员工人的诚意，争取社会上的更多同情与支持，2月17日，林伟民和另外三名代表赴香港继续谈判。他们在谈判中坚决贯彻与苏兆征共同确定的谈判方针，坚持以完全恢复工会为谈判的首要条件，"必要恢复原有之工会招牌，一面妥定工金问题，然后方能议"。苏兆征肯定了这一做法，他复电强调："务得船员满意，然后开工。如以上条件达不到，则无磋商之必要，各代表自可回省。"①谈判一时陷入僵局，罢工斗争继续进行。

2. 全港工人总同盟罢工

调停破裂以后，香港其他工人及一般平民对港英政府都表示愤激而同情海员。香港各工会曾召开联席会议讨论海员罢工，要求大家同情援助罢工，如果运输工人罢工还不能取得胜利，则一致举行总同盟罢工，并组织了"全港同情罢工办事处"。

港英政府得知全港工人准备同情总罢工的消息后，便唆使机器工人会向其他工人宣传说："海员罢工我们应该援助，海员现在最需要的是经济援助，我们可以捐款，不必急于罢工。"又说："海员罢工势成骑虎下不得背，我们应该援助他们下背。我们可组织'全港工人调停海员罢工会'来援助他们，这才是实际。"这种宣传居然发生极大效力。海员工会得此消息后，即派在广州筹商总罢工的七个代表回港制止调停会之实现。同时海员工会召开大会，宣言："我们工人若同情就加入罢工，不能说什么调停？调停就是妥协。"大会一致决议不接受什么调停，要香港工人切勿组织调停机关。群众情绪异常激昂，高呼"工人兄弟团结一致""打倒调停机关"口号。

2月27日，港英政府得知全市总罢工就要到来，遂宣布戒严令，把中国各口岸所有的英国军舰调集到香港，禁止火车通行，加岗巡查街道，离港者要担保。香港变成战时状态，谣言四起，罢工海员索性放火烧了香港三个贮藏粮食的货仓，于是全市更加恐慌，大有"风声鹤唳，草木皆兵"之势。

2月28日，香港各行业工人为声援香港海员的正义斗争，举行全港工人总同盟罢工，参加罢工的几乎覆盖各行业工人，罢工人数激增至十万人以上。全港总同盟罢工，充分体现工人阶级团结一致的巨大威力，给予了英国殖民主义者以沉重的打击。

---

① 《无法调停之港工潮》，上海《申报》1922 年 3 月 2 日。

由于参加罢工的工人在香港难于维持生计，工会组织他们离开香港回广州。而港英政府为破坏罢工，阻止工人离港，下令火车停驶，并规定凡要离开香港的工人，都要有商店担保。罢工工人只好步行到广州。

与此同时，在调停破裂后，港英政府改变策略，派人到中国上海、菲律宾、印度等处招集新工，以求釜底抽薪、破坏罢工。上海中国劳动组合书记部得知消息后，便联合宁波海员公所阻止招募新工行动。在上海所招得来的新工几百人，经过汕头时便给汕头罢工办事处说服了一大半，只有一小半到了香港。海员工会除通电各处工人团体请求制止招募新工外，还派"防护破坏罢工队"打击招募新工者。因此港英政府这一策略又被挫败。

作为老牌资本主义国家，港英当局有着丰富的统治经验，一手软一手硬，各种手法用得淋漓尽致，如威逼恐吓、调停谈判、贿赂"挖坑"等等，但邪不压正，而且让港英当局没有想到的是他们碰到的对手竟然是无比坚强！苏兆征领导罢工工人拒绝了港英政府及资本家各种胁迫和诱惑，他不为英国殖民主义者的高压政策所屈服退缩，也不为资本家的甜言蜜语所迷惑动摇或上当掉坑，坚定沉着、机智果敢，紧紧依靠广大海员，终于迫使港英当局和轮船资本家答应工人条件，罢工取得了最后的胜利。

三、协调各方

按照商定的罢工计划，1922年1月13日，也即在宣布罢工的第二天，苏兆征便带领罢工海员乘火车返回广州。由于前期准备充分，1月13日海员们回到广州时，受到广州各工会团体和群众的热烈欢迎与大力援助。随即，领导罢工的机构——海员罢工总办事处在广州西濠口附近越华酒店成立，作为罢工的总指挥部。苏兆征被推选为罢工总办事处总务部主任，成为这次罢工斗争的实际领导人，他"办事很有条理，颇能照顾全局"。

（一）坐镇广州

随着罢工规模的扩大和斗争逐步升级，中华海员工业联合总会无法开展正常工作，罢工工人也纷纷离港回广州。因此，在广州的海员罢工总办事处——这个后方指挥部尤显重要。总办事处下设总务科、财政科、粮食管理处、纠察队、宣传队、慰问队、骑车队、招待处等部门，还有几十间宿舍和专门的食堂。这般机构健全的罢工总办事处，不仅在中国，即使在国际工人运动史上也属罕见。当然，如果没有广东政府的支持，海员罢工总办事处在广州展开运作显然是不可能的。正如邓中夏所记述："当工会准备罢工时，本已筹备经费，但为数极微。所得之数不够罢工海员回广州的火车费。陆续回广州的海员人数不下五万人，后来又加上同情罢工的运输工人和香港工人，其人数更众多了，罢工经费当然拮据万状。幸而此时广东政府每日借出数千元，前后共计约十万元，罢工经费赖有此源源接济得以支持。"①数以万计的罢工海员陆续从香港回到广州，解决他们的食宿等生活问题这一艰巨的任务，就落在了苏兆征的肩上。一方面，他努力争取各方对海员罢工的支持援助；另一方面，安置好罢工海员，解决罢工带来的一些实际问题，同时注意做好他们的思想工作，鼓励他们一起奋斗、渡过难关。

对内，罢工开始后大量海员参加罢工，到1922年1月底，陆续回到广州的罢工海员及家属有一万人以上。他们从香港返抵广州后，得到了罢工总办事处的妥善安置，斗志昂扬地参加斗争。罢工队伍内部的行政事务、财务收支、斗争策略的制定以及对外联络交涉等工作，都由苏兆征具体主持进行。广州罢工总办事处收到的罢工经费虽每日有数千元接济，但人数众多，工人生活仍然是很艰苦。每日饭食两顿，每顿一毛。除饭食外，什么都没有，时值隆冬，只发棉衣一件，后来棉衣买不起，就发给麻袋。工人都在地上打铺，又无被盖。但是此时下雨又多，道路泥泞，工人连鞋也没穿。冷得受不了，只好烧柴火取暖。大家互相鼓励着说："顶硬上，兄弟！米俾人睇小！"（粤语，即"坚持到底，兄弟们，不要给人看轻"之意）只对外省海

---

① 邓中夏：《中国职工运动简史》，载《邓中夏全集》（下），人民出版社2014年版，第1393~1394页。苏兆征曾自述"计此次罢工五十六日用去十九万余元"，见《中华海员工业联合总会报告》，载《苏兆征文集》，人民出版社2013年版，第30页。

员（如宁波海员）稍为优待，住小旅馆，有棉被，每日发五分钱买香烟。[①]

对外，经过苏兆征等人的积极联络宣传，广州各工会团体以及其他阶层人士同仇敌忾，纷纷给予香港海员以有力的支援。罢工总办事处争取到广东政府的支持。广东政府不但为罢工提供了一个安全的后方依靠，而且在经济、政治上都给予了重要支持。苏兆征及返穗罢工工人在广东政府接济下，以广州为阵地坚持罢工斗争。一位参加过香港海员罢工的老海员回忆："当时罢工总办事处设在广州，以苏兆征为总务部主任。他们招待海员工人做得很好，有茶水招待，凡回广州的罢工海员每日津贴伙食费三角。招待所也有地方住，有百余间工舍给工人住宿，又有慰问队。大家感到很亲切，斗争情绪更高涨。"

罢工开始后，领导罢工的重任实际上落在苏兆征和林伟民等人身上。作为罢工主要领导人的苏兆征深感责任重大，废寝忘食、全力以赴工作，指挥罢工斗争，及时解决各种困难和随时随地可能出现的问题。苏兆征亲自执掌财务工作，积极多方筹措经费，又精打细算、用好经费，他所经手的账目都清清楚楚、分毫不差，本人生活又十分俭朴，克己奉公，与罢工工人同甘共苦，得到广大罢工海员的信任与拥戴。

苏兆征与林伟民对领导罢工作了分工，苏兆征主要负责管内部，林伟民则分组应付外部的事情。苏兆征负责操持全局，具体主持海员工会和罢工总办事处的行政事务、财政收支等重要工作，林伟民具体负责对外宣传、交际和有关组织工作。罢工斗争策略的制定等重大问题，则由以他们为核心的一些骨干共同研究确定。随着大部分参加罢工的海员返回广州，广州成为罢工的主阵地，更多的工作需要在广州展开。苏兆征驻扎广州，积极推动罢工持续发展。

眼看罢工规模扩大，轮船纷纷停航，香港经济形势日益严峻，港英当局便采取高压手段，派出军警实行戒严，轮船资方对罢工运动的破坏也越来

---

① 邓中夏：《中国职工运动简史》，载《邓中夏全集》（下），人民出版社2014年版，第1394页。

越猖獗。为了更有效地实施反击，罢工总办事处决定成立罢工纠察队，在继续坚持罢工斗争的同时，对香港实行经济封锁。罢工纠察队分别驻守在九龙边境一带和从内地前往香港的各个陆上交通要道，以及广东境内一些与香港有来往的港口，实行严格的经济封锁，断绝香港的物资供应。由于香港的粮食和大部分副食品等一向靠广东等地供应，实施禁运使香港的供应顿时紧张起来，物价也因此猛烈上涨。港英当局大为恐慌，要求广东当局出面干预，迫使海员回香港复工，于是派副华民政务司活雅伦赴广州，请求当时的广东省省长陈炯明出面干预。陈炯明旋即召集海员代表陈炳生、苏兆征、冯永恒以及广州工团代表，与港英当局会谈。英方提出要求派海员代表跟他们回港谈判复工。苏兆征严正表示：我们提出增加工资、改善待遇的要求已数月之久，资方却置之不理，得不到解决绝不复工。活雅伦又把话题一转，提出希望罢工总办事处允许香港开来的"金山号""香山号"两轮运粮食回港。苏兆征巧妙回答："本会同仁绝不出面阻止，若工人激于义愤，有所举动，则本会概不负责。"结果，活雅伦和两艘轮船的广州之行一无所获，仅载着八袋邮件姗姗而回。

留在香港的林伟民负责在香港继续组织发动罢工，同时与港英当局及资本家们针锋相对地进行斗争。除了动员滞港海员参加斗争，他还在码头等待从外埠抵港的轮船，向海员通报罢工消息，动员帮助了一批又一批陆续到港的海员立即投入罢工，返回广州。为了破坏罢工，轮船资本家收买了一批流氓、工贼，通过造谣、恐吓，阻挠海员参加罢工。林伟民等罢工领导人动员一批海员积极分子成立了"防护破坏罢工队"，维护罢工权益，专门对付企图破坏罢工的分子，打击惩处破坏罢工、煽动复工的工贼，保障了罢工的顺利进行。

香港海员大罢工发生以后，中华海员工业联合总会承受着极重的压力。其时香港，海上运输业在远东已是首屈一指。海员罢工不仅对香港，甚至对整个世界都造成了强烈影响。据1922年2月中旬统计，仅外国船只，因罢工而被迫停泊于香港的就有166艘、共182404吨，其中英国82艘、日本15

艘、荷兰11艘、美国8艘、挪威7艘、法国4艘，此外还有丹麦、葡萄牙、暹罗等国的船只。罢工使五条太平洋航线和九条近海航线陷于瘫痪，轮船资本家在经济上蒙受巨大损失。"这次罢工实在太可怕了，好像时疫一样，传染得异常迅速，只要那船上有中国海员，并不要工会的命令，他们便自动的离船上岸。所以各地轮船都认为香港好像一时疫区域，不敢开来，或者只在港外稍停便走，或者径直不停，由西来的直达上海，由东来的直达新加坡或小吕宋。"①正因如此，罢工风波乍起，各国资本家均对海员工会怀着极端仇恨，无不欲置之死地而后快。

（二）争取各方援助

尽管苏兆征等香港海员工会骨干出于正义去争取合理收入和合理地位发动罢工，但以收入低下、文化程度不高、地位低微的劳动阶级，且主要是弱小的、分散的海员力量去争取提高工资、反抗剥削，与掌握大量经济和社会资源的资本家对垒，进而反抗压迫、与掌握强大武力的政权对抗，这在当时的环境下，在需要有强大的勇气和胆识的同时，还需要凝聚共识、收拢人心，积聚力量、形成势力，才能让对手重视、才能奏效。因而，领导集体特别是领导人的能力显得尤其重要。而且，以海员工会组织的力量，还需要争取各方支持，形成合力，才有足够力量让统治者让步、让剥削阶级屈服。

对于香港海员争取增加工资、与资方压迫剥削抗争的罢工行动，全国工人阶级多方力量给予了充分的道义和物质的支持。一是香港工人同情海员罢工，二是广州工人的援助亦极踊跃，三是远在北方的铁路工人亦热烈援助，四是在国外的华侨捐款也不少，五是各国工会也有许多电报表示慰问及援助。其时在广东的华俄通讯社是苏联所组织，海员工会和它建立密切关系，每日通报罢工消息，请其转达各国。海员工会也常致电法国《人道报》——法国共产党的机关报，请其转告各国工人阶级予以援助。②

---

① 邓中夏：《中国职工运动简史》，载《邓中夏全集》（下），人民出版社2014年版，第1391页。
② 邓中夏：《中国职工运动简史》，载《邓中夏全集》（下），人民出版社2014年版，第1395页。

邓中夏讲道："此时中国阶级分化还不明显,小资产阶级不用说表同情,就是资产阶级,亦有对海员罢工表示同情,竟至以物质相援助的。"对受到外国资本家压迫剥削的中国海员工人,中国富人阶层还是给予了同情。

如何妥善安置好数量过万的罢工工人生活,是摆在苏兆征面前的一项艰巨任务,广州当地工会团体及各阶层群众的支援固然重要,集腋成裘功夫不小;争取广东政府给罢工以重要的经济援助,则是重要的来源。香港海员大罢工历时56天,最初人数不过数千,后来高达十万人。举行这么大规模的罢工,中华海员工业联合总会在经济上断难承担,自己所募集的资金储备,甚至不够支付工人们离港到广州的车费,而国内外捐款大多被港英当局扣压。在此情况下,广东政府的财政资助起了雪中送炭的作用。当时,广东政府每日向中华海员工业联合总会拨款数千元,前后共十万元。正是赖此源源不断的接济,罢工才得以坚持下来。据邓中夏的《中国职工运动简史》所记,罢工期间,工人们尚可维持一日两餐,每餐一角的基本生活水准。工会最初还能给每人发一件棉衣。外省在港海员特受优待,甚至还可住小旅馆,有棉被,每天还配给五分钱的烟钱。如果没有广东政府这一相对固定的经济援助,工人们连最基本的生活资料也不具备,罢工能否争取到最后的胜利是很难想象的。

孙中山及其领导下的广东政府正式发表声明支持香港海员罢工,在罢工开始后每日借出数千元给海员作罢工的经费。面对帝国主义淫威,广东政府不畏强暴,公开站出来为工人撑腰,的确难能可贵。正因为这样,工人们对广东政府也给予信任。

1922年2月7日,海员工会通过决议案,决定成立由劳、资双方代表组成的公断处全权讨论解决罢工问题。决议案明确指出:"公断处设在广州,由下列人员组织之:一、广东政府代表,二、英国总领事代表,三、西船主代表,四、华船主代表,五、海员代表。公断处人数,由广东政府与港英政府商议后决定。"①而事实证明，广东政府在此中也发挥了作用，它正式派出代表和工人们一起与港英当局进行了多次谈判，直到港英当局签字答应条件。

（三）中共率先支持罢工

香港海员大罢工爆发后，中国共产党是全国各党派中率先发起支持的政治力量。中国共产党对香港海员的罢工斗争极为关注和重视，党中央机关在经费十分拮据的情况下，印制了5000份传单。中共广东支部在罢工开始后不久，即于1922年2月9日发出《敬告罢工海员》的传单3000份，指导罢工海员"坚持到底，团结一致，严守秩序，注重自治"，表示全力支持他们的罢工斗争，还表示"本党同志以海员同志们为开始阶级斗争的急先锋，定当竭其能力，为之后援。海员同志们啦！快快共同一致的望着我们的目标奋斗，以期得到我们的最大光荣最大胜利啊"。同时在广州组织成立了香港海员罢工后援会，做返穗工人的后盾。中共广东支部和社会主义青年团广东区委组织全体党、团员参加接待和其他各项工作。党的刊物如上海的《劳动周刊》、北京的《工人周刊》、广东的《广东群报》等，也分别发表了大量声援香港海员的文章。中共中央领导下的中国劳动组合书记部做了大量的支援罢工斗争的工作，包括及时向各地工会分发了援助香港海员的通知，向罢工海员捐款，及时发动上海工人成立"香港海员罢工上海后援会"等。还派劳动组合书记部负责人李启汉（李森）赴香港慰问罢工的海员。李启汉与其他代表一起，与港英当局企图招募新工人以破坏罢工的阴谋进行了斗争。

正是在中共的全力推动下，一时各地香港海员罢工后援会纷纷成立，援助香港海员的通电、宣言、文告遍及全国，整个社会出现了援助香港海员的热潮。在北方，铁路工人尤为突出。由于中共活动的深入推进，京奉、京汉、京绥、陇海、正太等铁路段都成立了香港海员罢工后援会。它们郑重宣告："虽远在北方，服务铁路，也要尽一切力量援助香港海员达到目的。"

---

① 邓中夏：《中国职工运动简史》，载《邓中夏全集》（下），人民出版社2014年版，第1396页。

他们不仅从道义上支援，并积极募捐给香港海员以经济援助。北京长辛店工人甚至在火车头上竖起"援助香港海员"的大旗，往返募捐于京汉全线。"这是北方军阀专制政府下破天荒的英勇的一举。"沿途工人纷纷效法，在社会上引起巨大轰动。在华东，中国劳动组合书记部负责人也亲自出面，发动上海人民援助香港海员，并一再致电中华海员工业联合总会，鼓励他们"坚持到底，勿擅让步"。同时，还派代表专程前往香港、广州，将上海各界人民的捐赠直接送达罢工海员。在南方，中国劳动组合书记部广州分部直接投入了香港海员大罢工的接待工作，尽可能地解决罢工海员的食宿问题，给他们以经济援助。中共广东组织下属的党、团员均走上街头进行宣传、讲演。著名共产党人谭平山在广东党组织机关刊物《广东群报》发表了《港政府枪毙华工》一文，大声疾呼工人杀开血路、死地求生，与资本家进行殊死斗争。并鼓动广东政府"以光明磊落的态度，发表堂堂正正的主张"，像苏维埃俄国那样支持工人团体。尤其当罢工海员的要求遭到港英当局拒绝后，中共充分发挥其宣传优势，在香港各行各业进行宣传鼓动，争取同情、援助。

海员大罢工发生后，香港百业俱废，全面恐慌。港英当局及轮船资本家对香港海员罢工采取高压、恐吓、欺骗、调停、利诱、分裂等手段进行破坏。种种手段图谋失败后，使出了招募新工的伎俩，1922年1月底，香港宝泰公司（英国买办控制的海员职业介绍组织）发出急电，指使它在上海、宁波等地的代理人招募新工，速运回香港，取代香港罢工海员，意欲釜底抽薪，将罢工工人置于绝境。

旧中国经济困顿萎缩，加之长期的帝国主义经济侵略，造成了大批手工业和民族工业凋敝，致使东南沿海沉淀着庞大的劳动后备军，仅香港一地常年失业的海员就有一两万之多，这种状况为资本家招募新工提供了条件。在早期的海员工人与轮船资本家的斗争中，资本家以此手段对付罢工，无异于釜底抽薪。如在1914年，浙江一带海员为提高工资而罢工，资本家就曾雇广东海员代替其工作，从而使浙江海员因罢工而失业，工资未能增加，又陷无业之苦，并由此造成了浙江与广东海员间的长期不睦。

　　香港资本家企图重演故伎，给海员们的心理造成强大压力。虽然苏兆征和林伟民等罢工领导人对此有所准备，早在举行罢工前就曾致电上海中华全国工界协进会，"望贵埠同业，互相维持"，"倘船东向贵埠请人来港，勿受其愚"。①然而还是有部分浙江沿海失业海员受到蛊惑，准备受雇赴港上班，数日之内，香港宝泰公司已经在上海招募了一千多名新工，准备开往香港。因此，能否挫败港英当局在外地的招工阴谋，成为香港海员罢工成败的关键。但是，当时的香港海员工会与浙江海员素无联系，而国民党在劳工界的影响也仅限广东一隅。情势紧急，中华海员工业联合总会寄希望于中国共产党，主动向设在上海的中国劳动组合书记部发出告急电，请求援助。中国劳动组合书记部很快指令各地机构，组织上海、宁波一带的失业海员拒绝招聘，从而在这场斗争中起了力挽狂澜的作用。

　　上海是中共中央所在地。在党中央直接领导下，援助香港海员大罢工的群众运动盛况空前。在这场斗争中，党中央印发了大量传单，党的刊物发表了大量文章，党的活动家纷纷走上街头募捐、讲演。据上海公共租界工部局《警务处日报》所记，从1922年1月25日开始，租界内各海员介绍机构就频频收到书面警告，其中措词严厉，晓以利害，告诫不许破坏香港海员罢工，甚至有"违者以葬身南海对付"等语，使大小工头不寒而栗，视招工赴港为危途。据上海《民国日报》报道，1月27日，中国劳动组合书记部负责人李启汉（李森）在上海邀请上海均安水手公所等六个工人团体，发起成立"香港海员罢工上海后援会"，筹款援助香港罢工海员，同时，劝阻包工头招募新海员到香港顶替罢工海员。由于中国共产党在劳工界的广泛影响，参加该会的有"工界协进会，上海南市均安水手公所，上海焱盈南社，巅盈总社，黄胜和水手馆，林广、同庆、陈秉记等处"。这些均为浙江海员中强有力的组织。共产党人李启汉当选为"香港海员罢工上海后援会"主席。正是在他

---

① 《香港海员增资运动之沪讯》，上海《申报》1922年1月12日。

的领导下，上述各地海员组织采取联合行动，一致抵制港英当局在上海、宁波一带的招工活动，并对海员受雇情况进行了普遍调查，在普查的基础上列出名单，制成表格，逐个进行劝阻工作。李启汉还身先士卒，亲赴码头发表演说，呼吁工人团结斗争，使上千名受雇于港英当局、整装待发的新招募员工队伍顷刻瓦解，只有不到300人前往香港。李启汉等共产党人又专程前往香港进行劝阻，同时向香港海员转达中国劳动组合书记部和上海各界人民对香港海员的同情和支持，解除他们的顾虑，鼓励斗争到底。也正是在这场斗争中，李启汉等共产党人被捕入狱，罪名是"组织香港海员罢工后援会的活动"。

由于中国共产党卓有成效的活动，使上海、宁波一带海员空前团结，工贼不敢妄动。港英当局企望招募新海员顶替罢工海员从而破坏罢工的图谋基本破灭。

此后，李启汉受中国共产党和中国劳动组合书记部的委托，专程来到广州，通过苏兆征等人向全体罢工海员表示慰问与声援。北京劳动组合书记部成员邓培领导唐山制造厂的工人给香港罢工海员发出慰问电，并发动群众募捐数百元汇给广州海员罢工总办事处，以示声援。在中国共产党的组织发动下，全国范围的工人阶级支持香港海员罢工，给了苏兆征等罢工领导人以极大的鼓舞。

在中国共产党和中国劳动组合书记部的大力支持配合下，苏兆征和林伟民等罢工领导人齐心协力推出一系列应对措施，有勇有谋，步步为营，使得罢工海员的力量日益强大，为谈判和取得斗争最终胜利奠定了坚实的基础。

四、取得胜利

1922年3月4日，数千名罢工工人徒步从九龙油麻地出发经沙田返回广州，遭港英军警拦截，罢工工人不顾阻拦，继续前进，行至沙田地区上水火车站附近时，英国军警竟向手无寸铁的工人开枪扫射，当即打死四人，打伤工人一批，后因伤势过重又死去两人，造成震惊中外的"沙田惨案"。工人被英兵开枪击散后，有绕山背回广州的，亦有迷失路途绕回的，也有中途闻讯退回的。但是退回并不上工，散住街上空地或楼底，军警见三四十人一堆的便枪击驱散。港英政府禁止饭店借给成堆的工人煮饭。港英政府以为这项铁血政策可以奏效，而殊不然，反因此更促起工人愤激，不肯开工，香港居民亦更同情工人。

苏兆征得知惨案发生经过后，即向广东政府呈文要求向英国领事馆提出严重交涉："恳求提出抗议，向英领使严重交涉，以重民命。"①一面督促广东政府向港英政府提出严重抗议，一面通电国内外请主持正义予以援助。帝国主义的暴行，激起广大工人和各阶层群众的强烈义愤，纷纷提出强烈抗议。罢工工人和广州市民更是义愤填膺，决心与英国殖民主义者抗争到底。香港总同盟罢工继续扩大，在罢工浪潮的冲击下，英国在香港的经济利益受到巨大损失，港英政府的管治也受到冲击，"港地商业，全行停顿，华人皆已离职"，"各业罢工者日增，港地商业全行停顿，香港陷于瘫痪"。②港英政府除了接受罢工海员的要求外，再也无路可走，"七十年来赫赫弈弈的大英帝国主义终于在中国海员的威力之下屈服了"。港英当局彻底山穷水尽，不得不表示愿以香港海员提出的九项条件为基础进行谈判，解决罢工问题。

港英政府接到海员工会电报后，叫广州沙面英领事要求海员工会派代表到香港谈判。3月4日，苏兆征派出林伟民等四位代表和广东政府交涉署代表陆敬科由广州赴港与英方谈判。港英政府官员专程到香港九龙火车站迎接，"这是中国海员从未受到的礼遇"。

谈判分两步进行：第一步先讨论解决船员与船主有关的各项条件，经双方达成协议并同意签字后，第二步再讨论解决海员工会与港英当局有关的各项条件。在谈判过程中，林伟民等旗帜鲜明，坚决维护海员的根本利益。经

---

① 《海员罢工昨今两日之消息》，《广东群报》1922年3月6日。
② 《全港工团之调停罢工大会》，上海《申报》1922年3月5日。

过双方反复谈判，3月5日各方达成协议，签字确认。香港海员罢工坚持了近两个月，以海员工人的胜利——增加工资、恢复工会、释放被捕工人、抚恤死难工人，以及英国殖民主义者的失败而告终。

协议主要内容（三个方面）	
一是分别增加海员工资。由 1922 年 1 月 1 日起，海员工资增加如下：	

华人内河轮船	加 30%
其余华人轮船在 1000 吨以下者	加 30%
省港轮船公司	加 20%
其余英人轮船公司	加 20%
沿海轮船	加 20%
来往渣华轮船	加 15%
来往太平洋轮船	加 15%
来往欧洲轮船	加 15%

二是订定一个日期，以便各船员一律回船，由离工日起至一律回工之日止，工金照新定之价折半支给。各船东须用回其船员在其公司之船供职。如果双方同意，也可以安置在别船供职。如各船回工无席位，须在此期间折半支付工金，但一律由回工之日计起，不得超过五个半月为限。这笔折半之工金款项，另委管理人管理。

三是实行新的雇用船员办法，以减少工头的中间盘剥。各船东允愿相助实行一个新的雇用船员办法，以便尽量减少一切关于支付船员工金之弊病。

除上列条件之外，还恢复原来的"中华海员工业联合总会"，释放被拘捕的工会办事人员。"沙田惨案"死者，每人抚恤 1000 元，并赔偿伤者医药费。

3月6日，港英当局发表《特别公告》，宣布取消封闭中华海员工业联合总会的命令，同时取消香港居民离港的禁令等，定于当日派专人送回被抢走的牌匾，挂回原处，释放被捕工人，抚恤"沙田惨案"的死难者。轮船公司也同意增加工资一成至三成，并补发海员在罢工期间停发的工资。

当港英当局派专人将工会招牌重新挂回原处时，罢工全体海员及香港全市工人都来庆贺，人数不下十万人，把街道挤得水泄不通，在高呼"海员工会万岁"的欢声雷动中，一致仰着头，看招牌徐徐地挂上去。爆竹连天，声震全港，尽情欢庆这次罢工的伟大胜利。海员罢工总办事处随即下达复工令，香港海员罢工以工人阶级的完全胜利而宣告结束。

1922年3月6日数万香港居民聚集在香港海员工会（香港德辅道中137号）门前庆祝罢工取得胜利

罢工胜利的消息传出，海员工友们欣喜奋发。同日，在广州的香港罢工海员举行庆祝大会，随后在苏兆征的带领下，来到越秀山修筑马路，命名为"海员罢工路"。

短短的56天，苏兆征等人与以华民政务司为代表的港英当局、轮船资本家阵营对质对话多达数十次，战线从香港延伸至广州。在此次罢工中，香港海员工会也经历了数次变更，尤其是在广州成立了领导罢工的组织部门海员罢工总办事处，而苏兆征因高尚的人格与突出的工作能力被推选为该组织总办事处总务部主任，使得他一举跃升为香港海员罢工的最重要领导人，毕竟苏兆征正式执掌罢工组织的所有行政事务、财政大权和对外交涉大权。可以说，香港海员罢工自始至终都是在苏兆征的奋力领导下开展的。在整个罢工过程中，他立场坚定、斗争坚决，又善于掌握斗争策略，在林伟民等骨干的配合以及广大海员和各方的支持下，全力以赴统筹罢工斗争，有理有节，各种事项安排得井井有条，其坚决的斗争精神、统筹大局的能力和灵活运筹的智慧，引导夺取了罢工斗争的胜利。苏兆征在香港海员罢工斗争中显示出坚强的革命意志和杰出的组织领导才能，他在香港海员工人中的号召力，在省港乃至中外工运界的影响力，为各方所瞩目。

反对帝国主义、封建主义和官僚资本主义"三座大山"的压迫，是近代以来中国革命的主要任务，中国工人阶级担当起革命的核心力量，走上中国政治和革命的舞台，香港海员罢工是一个重要标志。作为中国工人运动的先驱者之一，苏兆征在香港海员斗争中的担当，也代表了中国工人阶级反抗帝国主义时代的到来。在罢工胜利后，中华海员工业联合总会即派人到上海进行联络、答谢，"素来互相隔膜之宁波与广东海员骤然一变，也互相一致的携手起来了"，"从此可证明中国海员，必须联合一致，不分省份，方能得到利益"。在四年后，当苏兆征再次讲起这段历史时，他仍显得豪情满怀："一九二二年的海员大罢工是中国海员最奋斗的时期，也是世界海员历史上最光荣的一篇。凡中国海员回忆这次罢工，无不激起当时的奋斗精神！"①

邓中夏在《中国职工运动简史》中总结了香港海员罢工的意义和经验教训称：香港海员罢工性质，"虽纯系要求增加工资的经济斗争，然而其实际却带着反抗帝国主义的政治意义，因为中国航业几乎全系外国资本经营，中国民族资本，远洋船一条也没有，沿海内河船也不及外资公司三分之一。所以中国海员与帝国主义有不可避免的冲突，成了直接的仇敌。这是中国海员斗争的特殊意义"②。

---

① 苏兆征：《中华海员工业联合总会报告》，载《苏兆征文集》，人民出版社2013年版，第30页。
② 邓中夏：《中国职工运动简史》，载《邓中夏全集》(下)，人民出版社2014年版，第1400页。

此次罢工胜利的原因，在客观上是当时国内外革命潮流的激荡，形成一个有利于斗争的环境。在主观上则是罢工有相当准备：选择的时机适当（中国旧历年关），群众完全了解情况并情绪激昂；团结力甚强；领导者聪明而坚决；援助力量有莫大的作用（运输工人甚至全港工人的同情总罢工）；应付策略的适宜（特别是封锁香港的饥饿政策）等。

香港海员罢工取得胜利的一大成就，是成功守住香港海员工会的阵地，让港英当局亲自将罢工期间蛮横收缴去的中华海员工业联合总会的招牌送回，使其合法地位得以保持。但是由于此次海员罢工是以苏兆征为代表的香港海员工会首次发动的罢工运动，经验不足，再加上港英政府与外国资本家的残酷破坏，最终使罢工胜利逼使外国资本家签订的改善香港海员待遇的协议成为一纸空文，没有最终实现。虽然如此，此次海员罢工在当时总算是胜利的。它的影响及于全国，在中国工人运动史上的意义特别重大，对广州地区群众运动的发展也起到了重大推动作用。这次罢工还有另一结果，就是影响广东政府把中国刑律中关于罢工治罪之条文明令取消。

香港海员罢工的胜利，有力地打击了帝国主义者的气焰，极大地鼓舞了中国工人阶级，推动了工人运动的发展。此后，长江船员和上海邮务工人、纱厂工人，以及苏州、无锡等地工人相继举行罢工。在这些罢工斗争中，共产党员发挥了组织领导作用。

在1930年2月7日中华全国总工会编印的《苏兆征纪念册》中纪念苏兆征的文章说，1922年中国海员的大罢工，就是东方工人阶级对西方大战后革命高涨的初次反响。这次罢工也是中国工人阶级最初的大罢工运动，而且更明显地证明半殖民地国家中领导革命的工人阶级，已经踏上了世界工人阶级武装行动的阶段。这次罢工主要的动机，自然还是个经济斗争的性质。可是，因为这次罢工是中国初次广大群众的罢工，因为这次罢工的直接对象是帝国主义港英政府和外国资本家，这次罢工也是反帝国主义的斗争，且有重大的政治意味。罢工时的发起人和领袖就是苏兆征同志，那时，他还不是共产党员，然而是个富有阶级意识的工人。在伟大的斗争中，无数群众拥戴他做他

香港海员罢工结束后，香港海员工会部分职员与海员工人代表在广州的合影。前排右三为
苏兆征，右二为林伟民

们的领袖，"特别表明罢工领袖苏兆征同志的丰功"。① "1922年1月12日
由海员总工会宣布同盟罢工。在罢工中，兆征是实际的主持者，坚持五十六
天的罢工，完全得到了胜利。而兆征同志也就成为全国海员的中心领导者
了。"②苏兆征在此次罢工中所展现出来的工人运动领导能力，让社会各界
另眼相看。第一次全国劳动大会在会议宣言中对苏兆征、林伟民等人所领导
的香港海员罢工的斗争及其经验给予高度评价。邓中夏更称："苏兆征同志
是这次罢工最得力的中心人物。"

　　这一阶段，苏兆征在号召工人群起罢工，也时有提及工人阶级这一概
念，但他并非从阶级、阶级斗争因素考虑，把中国工人阶级与中国资产阶级

① 中华全国总工会编：《苏兆征纪念册》，1930年2月7日印行。
② 《劳动》第二期（1930年2月）。

对立起来，更多的是将香港的海员工人阶层与英帝国主义和资本家对立起来。在领导香港海员罢工期间，苏兆征的阶级意识日益浓厚，对于如何发动工人群众反抗帝国主义统治和资本家的压迫、组织劳工运动争取工人权益，积累了经验。苏兆征在与罢工海员谈话时讲道："我们受帝国主义和资本家的压迫实在太厉害了，走投无路，才被迫起来反抗。我们要想不受压迫，就得要斗争，这样才有出路。"特别是在斗争过程中，如何将工人的力量团结起来，形成战斗力尤其重要，苏兆征强调："如果只靠少数人的力量，是很难斗得赢资本家他们的；只有我们大家同心同德，努力奋斗，他们就没有办法了。"[①]这次罢工让苏兆征充分意识到，要与剥削压迫他们的外国资本家相抗衡，海员工人团结起来形成一股力量至关重要。

苏兆征、林伟民等人领导的香港海员罢工，显示了中国工人阶级坚定的革命性和坚强的战斗力，扩大了作为工人阶级先锋队的中国共产党在全国的政治影响，为党建立同其他革命力量的合作、掀起全国规模的大革命高潮准备了一定的条件。

---

① 刘达潮：《回忆苏兆征同志》，载《苏兆征研究史料》，广东人民出版社 1985 年版，第407 页。

第 三 章

加入中国共产党

一、参加第一次全国劳大

二、整顿香港海员工会

三、北上参加国民会议

四、参与筹备第二次全国劳大

中国共产党成立早期，由知识分子和工人出身的两种类型共产党员组成。先进知识分子与工人群众相结合的过程，也就是马克思主义与中国工人运动相结合的过程。在这个过程中，初步确立了共产主义信念的知识分子，其思想感情进一步转变到工人阶级方面来；同时，一部分工人由于受到马克思列宁主义的教育而提高了思想觉悟，他们真正成为了工人阶级的先进分子。苏兆征正是第二种类型中的杰出代表。

经过香港海员罢工斗争实践锻炼，苏兆征"成为全国海员的中心领导者了。"在罢工斗争中，中国共产党、中国劳动组合书记部和各地工人阶级所给予的大力支持、广泛援助，让苏兆征印象深刻、难以忘怀。曾经的国民党员苏兆征加深了对中国共产党的认识，在亲密无间的战友林伟民等人的帮助下，1925年春天，他在北京参加国民会议期间，由李大钊介绍光荣加入了中国共产党，成为中国工人阶级先锋队、中国人民和中华民族先锋队的一员，并由此在党的领导下，积极工作、不断进步，直至为中国革命、为党和人民的事业贡献出自己的一切。

一、参加第一次全国劳大

为交流全国各地工人运动进行情况以及香港海员罢工斗争经验，加强全国工人阶级内部团结，迎接全国性工人运动高潮的到来，借纪念国际劳动节的机会，中国共产党通过中国劳动组合书记部发起，于1922年5月1日至6日在广州举行第一次全国劳动大会。会前，委托广州的工会团体组织筹备处进行筹备工作。

参加大会的各地工会组织代表173人，代表国内12个城市、110多个工会和34万有组织的工人。这些代表中有共产党员、国民党员和无政府主义者等，以广州、香港两地为最多。大会由中国劳动组合书记部主任张国焘主持。苏兆征、林伟民等作为中华海员工业联合总会的代表出席，他们领导香港海员进行罢工斗争并取得胜利，其经验教训受到了与会代表的重视。

会上，苏兆征和林伟民分别向代表们详细介绍了香港海员进行罢工斗争的经过和经验教训，受到代表们的热烈欢迎。苏兆征还以香港海员工会代表身份向大会提交《规定海员罢工沙田烈士死难日为纪念节日案》，经大会讨论全体代表表决通过。《全国劳动大会第一次会议宣言》对香港海员罢工的经验也作了总结，指出："这次罢工使我们知道，工人们确具有伟大的能力和工人们是必要有组织，而且使我们知道，全国工人们非一致行动不可。从此我们也渐渐明白：要是工人们只有会所和无意义的工会组织，是断断不行的。因为这种组织是不能够自卫，更没有反抗的能力。"①大会接受中国共产党提出的"打倒帝国主义""打倒封建军阀"的政治口号，通过《八小时工作制案》《罢工援助案》《全国总工会组织原则案》等十项决议案。大会决定，在全国总工会成立以前，中国劳动组合书记部为全国工会的总通讯机关。这次大会的召开，标志着中国工人阶级开始走向团结统一的道路，为

中国第一次全国劳动大会代表合影

① 《全国劳动大会第一次会议宣言》，上海《民国日报》1922年6月8日。

中国工运和工会组织的统一奠定了基础，推动了第一次全国工运高潮的深入发展。

参加大会的有中国劳动组合书记部代表李启汉、京汉铁路长辛店工人俱乐部代表邓中夏、京奉铁路工人代表邓培、上海海员工会代表朱宝庭等共产党员。"缺乏高深的理论造诣、也无深刻的阶级意识，却能造就一场轰动世界的大罢工"，这是苏兆征吸引参会共产党人的地方。苏兆征虽与他们素未谋面，但神交已久、相见甚欢，会议期间与他们热烈交谈，交流经验。苏兆征、林伟民等人还专门到上海代表住地，与劳动组合书记部代表李启汉和上海海员工会代表朱宝庭等人交谈，向中国共产党、劳动组合书记部和上海工人阶级给予香港海员罢工的支持与援助表示感谢，朱宝庭也邀请香港海员工会派员到上海，协助上海海员工会组织开展活动。随后香港海员工会正式委派林伟民到上海传授经验。从此苏兆征与他们成为了患难与共的革命同志，与邓中夏更是成了生死之交，一起为工人运动、为中国革命赴汤蹈火。

第一次全国劳动大会结束后，苏兆征等人盛情邀请出席大会的部分代表30多人前往香港，与香港海员工会及其他行业工会进行交流和联欢活动，加深了全国工会组织负责人、工人运动领袖之间的联系。其时参与活动的张国焘回忆，在代表们逗留香港期间，"后来成为著名的共产党员的苏兆征那时担任海员工会的总务主任，表现得十分活跃，招待我们尤其周到"。[1]

二、整顿香港海员工会

为了民族的尊严和工人阶级的利益，苏兆征组织发动的反抗外国轮船资本家剥削和港英政府统治的香港海员罢工，以签署协议而告结束。

苏兆征认为，此次海员罢工斗争已经取得胜利，自己领导罢工的任务也已经完成。在参加完第一次全国劳动大会之后，他回到香港辞去海员工会会长和罢工总办事处总务部主任的职务，上船回归海员生活；林伟民也到上海

① 张国焘：《我的回忆》（上），东方出版社2004年版，第212页。

出任中华全国总工会领导。香港海员工会领导职位落入了陈炳生、翟汉奇之流手里，他们把持会务、排斥异己，由骄傲而至于腐败，任意挥霍再进而盗用会款，成为工贼；海员工会变得空虚，无号召力。港英当局和资本家看到了海员工会的弱点，故而拒不履行所签订的条约。

罢工结束后，海员们相继回船复工。而轮船资本家则公然取消其中所规定的增加海员工资条款，同时又继续推行包工制，变本加厉盘剥海员，使协议成为一张废纸。就如苏兆征后来所忆述："帝国主义者等我们海员复工后，就立刻破坏条约，他们首先利用一般包工头组织一个航海公会，以图破坏中国海员统一之海员工会。一九二三年太古洋行之百余号蓝烟囱船竟敢取消所加之薪水。条约所规定之因罢工失业之赔偿费，不下三十万元，他们又一文不付。"①结束罢工后，不少参加罢工的工友复工，一些罢工中的积极分子复工后逐渐被开除。他们想找洋务工做，但当雇主知道是参加过罢工的海员时，就干脆不雇用。当时地方帮口界限严重，船上又没有海员工会核心支部组织，米珠薪桂，失业人很多，尤其是广东籍海员，往往生活被迫陷于绝境。罢工成果没有跟进落实，基本没有兑现。因而，邓中夏称"此次罢工的弱点，不在于罢工时而在于罢工后"。②

在严酷的事实面前，苏兆征等原海员工会骨干逐渐醒悟过来。他们认识到，对帝国主义和资本家的斗争远没结束，必须重整旗鼓，继续斗争下去。1923年秋，苏兆征放弃了船上工作，返回香港整顿工会，组织海员工人团结起来驱逐工贼，将贪污海员工会公款四万多元的翟汉奇开除出海员工会。经过这段时间的斗争实践，苏兆征深刻体会到：海员工会的组织涣散，像一盘散沙，原因在于基层组织没有建立起来。他指出，海员有数万人，而工会却只有区区数十人，这些人每天不停地工作，也只能满足工会机关的工作量，机关以下的工作基本上就是空白的。像这样的情况，一旦工会人员出了什么

---

① 苏兆征：《中华海员工业联合总会报告——向中国海员第一次代表大会之报告》，载《苏兆征文集》，人民出版社2013年版，第30页。

② 邓中夏：《中国职工运动简史》，载《邓中夏全集》(下)，人民出版社2014年版，第1400页。

问题，整个工会组织就会陷入群龙无首的状态。所以不仅要建立工会的机关，更重要的是基层组织的建设。他建议在每艘船上都建立一个工会小组，几艘船的小组组成一个大组，然后由大组成立支部，最后由支部向总工会汇报情况。这样就可以保证每个海员都在组织的领导之下，每个工会小组相互并列又互相联系，就算其中有一两个小组出了问题，其他的还可以正常工作。苏兆征的提议得到了众多香港海员的支持，在他的领导和推动下，海员工会的组织进一步健全，战斗力也得到了增强。

经过苏兆征等人的缜密细致工作，香港海员工会得以恢复生机活力，海员们也恢复对工会的信任，会员开始增加。不久，海员工会组织进行新的选举，谭华泽被选为会长，苏兆征担任司理，负责日常事务，继续整顿会务，健全制度，定期向会员公开财务收支情况，接受海员们的监督。苏兆征"极力整顿会务，提出工人监视职员办法，每星期作会务报告，由船上及宿舍工人经常审查工会一周工作经过，使每个工人都能过问参加工会的会务。实开工会民主化之先河！"①苏兆征不计个人得失、任劳任怨、廉洁奉公，得到了广大海员的拥护和信赖，他们愿意听从工会和苏兆征的领导，共同奋斗。

长年漂洋过海，具有国际眼光的苏兆征注意及时了解外国工人运动的动态。他提出，要加强与各国工人阶级的联络，"中国工人阶级非联合世界工人的力量，是无以抵抗帝国主义的进攻的"。

三、北上参加国民会议

苏兆征经过自己长期的观察和思索，愈加发现军阀、官僚的腐败，他认识到国民党自身的局限性，是不可能带领中国人民彻底打败帝国主义和封建军阀，不可能实现中华民族解放的目标，不可能为全体中国人民谋幸福的。

---

① 《苏兆征同志小传》(原载《劳动》第 24 期，1930 年 2 月 21 日)，载《苏兆征研究史料》，广东人民出版社 1985 年版，第 369 页。

苏兆征在革命斗争的实践中提高了对马克思列宁主义、对共产党、对中国革命与工人阶级地位作用等的认识，其思想认识、理论素养均产生了明显飞跃。特别是香港海员罢工过程中，他深切感受到了年轻的中国共产党一直给予的热情支持指导，帮助罢工工人掌握正确的斗争方向，鼓舞罢工工人的斗志和争取胜利的信心，正是中国共产党自始至终给予海员罢工真心实意的大力支持与指导，对于罢工的胜利起到了重要的作用。

苏兆征日益认识到，中国共产党是为工人阶级谋利益的党，劳苦人民的解放，只有在中国共产党的领导下才能实现，因而对党产生了信仰。"兆征在海员罢工中亲自领导这个伟大阶级斗争的演习，并鉴于全国工人阶级的声援表示出中国工人阶级到此已有很大的觉悟，更加强了他组织阶级斗争推翻资本制度的自信心，因此更了解当日中国共产党的政治号召是革命的导师。自此以后，他便接近共产党的组织，参加共产党所领导的一切活动。"①后来他曾对别人说："我当时（指香港海员罢工时）到处找共产党，总找不到手。"②这番话真实地表达了他对共产党的向往之情。

中共组织十分重视对苏兆征的教育帮助，指派专人与他联系，邀请他参加党组织的活动，工作上也征求他的意见。苏兆征也主动接近共产党员、接近党组织，积极支持配合组织开展活动，接受和执行党布置的任务，主动争取组织对自己的教育帮助。

1924年春，林伟民到苏联参加国际运输工人代表大会，这期间，由罗亦农介绍参加了中国共产党。他在入党后向党组织汇报了苏兆征的表现及对共产党敬仰和向往之情，着重把苏兆征向党组织推荐。他说："苏兆征为人正直，诚实可靠，工作认真，一丝不苟，廉洁奉公，很有革命志气，是一位很好的同志，在海员中享有很高的威信。我们要把海员工作搞好，把广大海员

---

① 文虎：《苏兆征同志传》（原载中华全国总工会编《苏兆征纪念册》，1930年3月7日出版），载《苏兆征研究史料》，广东人民出版社1985年版，第385页。

② 邓中夏：《苏兆征同志传》，载《邓中夏全集》（下），人民出版社2014年版，第1320页。

团结起来，就一定要把苏兆征找来，争取苏兆征入党。"①林伟民在同年底从苏联回国后，把自己在苏联的所见所闻及自己对于共产党的认识告诉了苏兆征，对其进行了有关党的知识教育。在与好友林伟民多次深切的交谈中，苏兆征受到了鼓舞和教育，更加迫切要求加入共产党，也更加自觉地在工作和斗争中磨炼自己，主动接受党组织分配的工作，开展各项活动。

1924年6月，东方运输工人代表大会在广州召开，出席会议的有中国内地和香港、菲律宾、爪哇（印度尼西亚）、新加坡等地的铁路工人、海员以及赤色职工国际的代表。这是东方各国运输工人第一次联合大会。苏兆征代表中华海员工业联合总会出席了大会，并在会上介绍了1922年香港海员罢工的有关情况和经验教训。大会对香港海员罢工给予很高的评价，与会代表高度赞扬他对中国工人运动和反对帝国主义、资本主义以及殖民主义的斗争所作出的贡献。这是"苏兆征积极组织中国乃至整个远东有第一次国际工会的活动"。参加此次大会，苏兆征亲身体会到国际工人运动的蓬勃发展，加深了他对"全世界无产者联合起来"的认识。

1923年6月12日至20日，中国共产党第三次全国代表大会在广州东山恤孤院31号（现恤孤院路3号）召开。大会接受了共产国际关于中国共产党同中国国民党进行合作的指示，通过了《关于国民运动及国民党问题的议决案》《中国共产党第三次全国大会宣言》等文件，提出党在现阶段"应该以国民革命运动为中心工作"，共产党员以个人身份加入国民党，采取党内合作的形式，同国民党建立联合战线，以完成反帝反封建的国民革命的重要任务。文件还规定了要保持中国共产党在政治上的独立性的一些原则。《中国共产党第三次全国大会宣言》明确提出：中国共产党"对于工人农民之宣传与组织，是我们特殊的责任；引导工人农民参加国民革命，更是我们的中心工作"；在《关于国民运动及国民党问题的议决案》中指出："我们加入国民党，但仍旧保存我们的组织，并须努力从各工人团体中，从国民党左派

---

① 黄平的回忆，见卢权等：《苏兆征》，广东人民出版社1993年版，第144—145页。

中，吸收真有阶级觉悟的革命分子，渐渐扩大我们的组织，谨严我们的纪律，以立强大的群众共产党之基础。"1924年初，国共两党合作多方展开，广东成为国民革命的根据地、大革命的中心，工农运动蓬勃兴起，反帝反封建斗争热潮高涨。同年夏天，中共中央抽调了一批骨干到广东，加强广东区委的领导工作。10月，周恩来到广州担任广东区委委员长，11月任黄埔军校政治部主任，后由陈延年接任广东区委书记。为发展香港地区的革命力量，广东区委陆续派遣多名党员和共青团员到香港开展组建党团组织工作。同年秋天，建立中共香港支部。1925年广州共产党组织发展迅猛，已经成为全国共产党组织的先锋。早在1月份中国共产党召开第四次代表大会时，全国党员数已近千人，而广州市的中共党员共约三百人。①此外，中共广东区委会已有了军事部和农民运动委员会的组织，这也是其他省份的共产党组织无法比拟的。然而在当时的环境下，要想完成国民革命，这点力量远远不够。力量的薄弱，让中共中央意识到统一战线的重要性，"共产党当时的任务，无疑的首先需要扩展和巩固自己阶级的力量"。②通过统一战线的工作，才能团结更多阶层的力量，投入到国民革命当中。

中共香港支部成立后，十分重视培养教育苏兆征等海员工人先进分子，指定专人与苏兆征联络。实际上，苏兆征在1922年香港海员罢工时已经和当时共产党核心人物之一的李启汉有频繁交往，且在不久之后的第一次全国劳动大会上与包括邓中夏在内的不少共产党员有了更多的接触。苏兆征也主动靠拢组织，自觉接受党组织的教育和帮助。当时香港海员工会经常举办演讲会，苏兆征多次邀请中共党员到会演讲，介绍马克思主义学说和共产党的主张，讲述当前国内外形势。黄平在担任中共香港支部负责人期间，就曾应苏

---

① 1925年1月11日至22日，中共四大在上海召开。出席大会的有陈独秀、蔡和森、瞿秋白、谭平山、周恩来、彭述之、张太雷、陈潭秋、李维汉、李立三、王荷波、项英、向警予等20人，代表着全国994名党员。

② 邓中夏：《中国职工运动简史》，载《邓中夏全集》（下），人民出版社2014年出版，第1468页。

兆征邀请到海员工会讲述过《关于共产主义革命》一课。他回忆："在苏兆征的带领下，海员工会十分亲近共产党组织。香港海员在外地返航时，定期请一些共产党员到海员工会作演讲。演讲时畅所欲言，百无禁忌。我到香港工作后，也曾应苏兆征的邀请，到海员工会作过关于共产国际的演说。梁复然、林昌炽等人也经常前往演讲，言语都比较激烈。"①

1925年春，中国共产党联合国民党左派等进步力量，发起了一个全国性的国民会议活动，并于同年3月在北京召开了国民会议促成会全国代表大会。会议开幕式就在北京大学举行。

苏兆征代表广东、香港的工人团体出席会议。他在北京期间，有机会与共产党的一些领导人和从事工人运动的共产党人接触，李大钊等人多次请苏兆征到北京大学红楼（李大钊办公的地方）会晤。按卢权、褟倩红在《苏兆征》一书中的描述，李大钊"对他在领导香港海员罢工及这次国民会议促成会议中的表现给予很高评价，同时向他介绍中国共产党的历史及成立经过、中国共产党关于开展工人运动的计划和策略，并向他进行党的纲领、章程和政策教育，帮助他进一步提高思想认识。苏兆征向李大钊汇报了自己对共产党的认识，正式向李大钊提出了加入中国共产党的要求"。不久，苏兆征就在北京经李大钊介绍加入了中国共产党，从一名国民党党员、一个民主主义者成长为一个自觉的坚定的共产主义革命战士。从此，苏兆征在党的领导下，更加奋不顾身为中国工人阶级和广大人民的利益、为中华民族的独立和解放而英勇奋斗。

参加完北京国民会议促成会之后，苏兆征由劳动组合书记部介绍，到北方铁路和工厂访问交流，受到地方党组织和工会的接待，结识了唐山工人运动领袖邓培（广东三水人）等人，对北方的工人运动加深了认识，与北方工人运动领袖交流斗争经验，建立了联系。

建党初期，在发动和领导革命斗争的过程中，中国共产党自身建设也得

---

① 黄平回忆录，转引自卢权等：《苏兆征》，广东人民出版社1993年版，第144页。

到加强。随着工人斗争的发展，工人中涌现了一批优秀的人物，苏兆征就是以工人运动的组织者身份加入中国共产党，参加了党的队伍。正如陈旭麓先生所说："中国早先的共产党人，大都是知识分子由接受马克思主义后又向工农群众灌输马克思主义而成长起来的；苏兆征却是在罢工的实际斗争中接受马克思主义而成为卓越的共产党人，由工人而民主革命，而马克思主义，而共产国际，在中国人民革命的道路上印下了巨人的足迹。"①苏兆征的政治成长和发展道路，代表了中国共产党早期领导人的一个群体，如史文彬、项英、向忠发、邓培、王荷波等，均是由工人运动领导人而成为中共领导人或中坚骨干。

苏兆征虽然是老同盟会会员，也是国民党的一位老党员，但在国民党中并没有职务、也没有什么显赫地位，1924年初召开的国民党一大，他连代表都不是。苏兆征在这种历史条件下加入了中国共产党，也为中国共产党顺利召开第二次全国劳动大会争取了香港海员工会的支持。事实上，苏兆征入党后，曾将他北上所见所闻的职工运动情形，向香港工会的工人群众做了大量的宣传。这使香港工会对内地的职工运动有所了解，也增强了对中国共产党的好感。

四、参与筹备第二次全国劳大

得益于国共合作，广东区委是中共在全国范围内唯一能公开活动的机构。1923年被派到中国任共产国际驻中国代表及苏联驻广州政府全权代表的鲍罗廷，身份还是国民党中央执行委员会、政治委员会顾问，为孙中山所倚重，在孙中山逝世后国共两党重要的政策问题，都是与鲍罗廷商谈决定。致力于工农运动的时任国民党中央组织部长的谭平山，也不过是办理一些例行公事而已，重要的政策问题，由国民党少数要人与鲍罗廷商谈决定。至于一般的人事和工作问题，包括国民党左派人物工作的分配，"多由中共广东区委会预先商定。因此，他自己只须根据这些商定来执行而已"。孙中山逝世后，广州没有了领导重心，而由鲍罗廷这个外国人来填补这个空缺，是不妥

---

① 陈旭麓：《苏兆征·序言》，载卢权等：《苏兆征》，广东人民出版社1993年版，第2~3页。

当的。①此时中共广东区委会的第一任委员长是周恩来，区委常委兼宣传部长是张太雷，委员还有陈独秀、彭湃、罗绮园、阮啸仙、张伯简。1925年，广州的共产党组织发展迅猛，已经成为全中国共产党组织的先锋。仅是几百人的力量，远远不足以领导革命取得胜利。

在第二次全国劳动大会召开之前，香港工人、香港海员工会对中国共产党的了解、信任并没有达到可以通力合作的程度。香港各工会事先收到国民党右派把持的机器工会的电报，被嘱咐共同反对此次大会。香港的工会组织比较分散，不统一，分为工团总会、华工总会和机器、起落货、煤炭、洋务等若干工会，大会筹备处派人前往香港邀请，受到冷落。邓中夏分析其原因有三：一、香港工会不满受支配的下级待遇；二、香港工会部分资本家领袖不希望与共产党合作；三、受到国民党右派的影响。②

本来，依照1922年第一次全国劳动大会决议，第二次大会应由中国劳动组合书记部继续召集。但国民党右派操控的黄色工会等却竭力攻击中国劳动组合书记部，并策划举行由他们把持的全国工会大会及组织所谓的"全国工团联合会"，以此与中国劳动组合书记部及共产党领导的工人运动相对抗。③也正是为了回避反革命势力的攻击，更好地组建统一战线，中国共产党毅然放弃了备受攻击的"中国劳动组合书记部"的名义，改用铁路总工会、汉冶萍总工会，极具影响力的中华海员工业联合总会和广州工人代表会的名义共同发起第二次全国劳动大会。已经加入中国共产党并已崭露头角的工运领袖苏兆征坚决拥护党的决定。"适海员总工会赴北京国民会议促成会

---

① 张国焘：《我的回忆》（上），东方出版社2004年版，第406~407页。
② 邓中夏：《中国职工运动简史》，载《邓中夏全集》（下），人民出版社2014年版，第1471页。
③ 国民党右派虽然也在形式上组建了一些工人组织，如广东机器工会、上海工团联合会，但主要目的都是为了掌控工人为己所用。1924年3月成立的上海工团联合会，就是为了排斥共产党，企图控制上海工人运动而设，他们对工人运动特别是由中共领导的工人运动抱有极大的敌视态度。右派掌控下的广东机器工会，在1924年8月就拒绝参加由共产党和国民党左派组建的广州工人代表会，次年又拒绝第二次全国劳动大会的邀请。

之代表苏兆征同志经过上海（苏同志也就是此时加入共产党），共产党与他接洽，苏同志完全赞同。"①苏兆征作为中华海员工业联合总会的代表从香港赶到广州，与林伟民、李启汉等人投入大会的筹备工作，他是筹备会议的一个重要工作人员，"策划之力量为多"。②至此，中国共产党为召开第二次全国劳动大会前期准备工作已经完成。苏兆征为第二次全国劳动大会的顺利召开做出了重要贡献。

表一：三次全国劳动大会与中共党员增加数

时期	时间（月）	党员增加数（人）	月均增加数（人）
党的一大至一次劳大 （1921.7—1922.5）	9	72	8
一次劳大至党的二大 （1922.5—1922.7）	2	70	35
党的二大至三大 （1922.7—1923.6）	11	225	20
党的三大至四大 （1923.6—1925.1）	19	574	30

1925年5月1日至7日，在中国共产党领导下，第二次全国劳动大会在广州召开，出席大会的代表共277名，代表工会组织165个，有组织的工人54万人。③赤色职工国际代表奥斯脱洛夫斯基也出席了大会并发表演说。五一劳动节当天上午，参加全国劳动大会的代表与广东全省农民大会的代表联合起来偕同广州市区工人、郊区农民和青年革命军人超过十万人，举行五一劳动节群众大会并示威游行，红旗飘扬、口号震天，显示出工运复兴的声势与工农联合的威力，这也证明了中国共产党强大的组织能力。

大会期间，由苏兆征、邓中夏、李启汉、王荷波、孙云鹏、冯菊坡、

---

① 邓中夏：《中国职工运动简史》，载《邓中夏全集》（下），人民出版社2014年版，第1469页。
② 文虎：《苏兆征同志传》，载《苏兆征研究史料》，广东人民出版社1985年版第386页。
③ 《中国第二次全国劳动大会决议案及宣言》，中华全国总工会刊印。也有一说称："出席大会的代表共281名，代表工会组织166个。"

第二次全国劳动大会与广东全省农民大会开幕会场

刘尔崧等共产党员组成中共党团委员会，团结全体与会代表，保证大会按预期目的顺利进行。然而，在大会上，香港工团总会代表不愿意被当选主席团成员引起骚动。原来，香港工团总会代表在苏兆征和中共代表的说服下，抱着以为参加此会只是随大流而已的想法出席了会议，结果却被选定为主席团成员。故此，香港工团总会代表当场表态不能接受。但迫于会场内大多数工人代表的压力，香港工团总会代表不得不承认并被迫接受。直到大会结束之前，该代表不敢退席，但也不再发表不同言论。①此次大会，虽然国民党也

① 邓中夏：《中国职工运动简史》，载《邓中夏全集》（下），人民出版社2014年版，第1472页。据与会的张国焘回忆，香港工团总会的主要代表提出，其总会是由一百多个工会组织起来的，海员工会不过是工团总会中的一个单位，为什么要海员工会做这次大会的召集人，却不理工团总会，是瞧不起工团总会，或是企图包办？张国焘向他多番解释，但误会并未冰释。张建议选举一位主要代表参加大会主席团，以示并无歧视意思。"又经过苏兆征等人的从中疏解，工团总会也就积极参加了大会的工作。"见张国焘：《我的回忆》（上），东方出版社2004年版，第379页。

有参与其中，但当时担任国民党中央工人部长的廖仲恺主要精力投入广东的财政、军政工作，根本无暇全程参与第二次全国劳动大会，直接让其秘书冯菊坡完成领导工会的工作。而事实上冯菊坡1921年就已经加入中国共产党，所以名义上国共两党共同合作的第二次全国劳动大会，实质上由中共主持。[①]

第二次全国劳动大会通过了30多个决议案，其中有《工人阶级与政治斗争的决议案》《经济斗争的决议案》《组织问题的决议案》《加入职工国际的决议案》《中华全国总工会总章》等。《工人阶级与政治斗争的决议案》明确提出了无产阶级领导权和工农联盟的思想，指出："中国的民族革命运动，非得工业无产阶级参加，并取得领导地位，提携着广大的农民群众进行，是不能成功的。"在苏兆征、林伟民等人的提议下，大会还通过了关于香港问题决议案，要求香港各个工会团体，"化除门户之见，从新组织全港工会的总机关，务使所有工会统一，集中工会力量，为全港民族的和阶级的利益和幸福而奋斗"。

大会通过了《中华全国总工会总章》，第一条就明确规定"本会以团结全国工人，图谋工人福利为宗旨"。正式成立了中华全国总工会，作为全国统一的工会组织，并宣布加入赤色职工国际，"正式加入国际革命的无产阶级之队伍"，"与世界的无产阶级联盟"。苏兆征、林伟民、刘少奇、邓中夏、刘文松、李启汉、孙云鹏、邓培、何耀全等25人当选为第一届执行委员会委员。执委会选举林伟民为中华全国总工会执行委员会委员长，刘少奇、邓培、郑泽生为副委员长，邓中夏为秘书长兼宣传部长，李启汉为组织部长，孙云鹏为经济部长。大会决定中华全国总工会总部和办事机构设在广州，加强对广东和香港地区工人运动的领导。第二次全国劳动大会发表《宣言》宣告："大会为满足全国工人的要求起见，为统一战斗力起见，已正式组织中华全国总工会。从此，中华全国总工会便是指挥全国工人奋斗之总机

---

① 张国焘：《我的回忆》（上），东方出版社2004年版，第378页。

关。"中华全国总工会的成立，为此后发动全国工人运动尤其是省港大罢工做了组织上的准备。

苏兆征成为"指挥全国工人奋斗总机关"的重要领导人之一，在一个全国性的更高更大更广阔舞台上与当时中国杰出的工人运动领袖群体和骨干精英一起工作，共同推动全国工人运动的蓬勃发展。

第四章

领导省港大罢工

一、组织发动

二、担当重任

三、运筹帷幄

四、收束罢工

　　1925年6月19日，香港和广州沙面工人举行为期16个月的省港大罢工，是中国工人运动史上的光辉一页。苏兆征起了重要的领导作用并表现出了杰出的组织才能，尤其是对基层群众的组织发动能力，更是在一众罢工领导人中首屈一指。苏兆征很善于与工人群众、与其他工会负责人打成一片，通过成功领导工人运动而威望越来越高，并成为叱咤风云的工运领袖。苏兆征不是知识分子，虽然文化程度不高、理论造诣不深，却以其勤恳实干、踏踏实实做群众工作的能力，在工人群众中的号召力、影响力，迅速得到党内同志的认可，尤其是在持续一年多的省港罢工中领导才能日臻成熟，成为党内重要人物。

　　罢工期间，全国海员第一次代表大会在广州举行，苏兆征被选为全国海员总工会执行委员会委员长。在1926年5月1日召开的第三次全国劳动大会上，苏兆征被选为全国总工会执行委员会委员长，成为全国工人所拥戴的领袖。

一、组织发动

　　1925年5月，震惊中外的五卅惨案发生后，上海人民的反帝斗争迅速扩展到全国。在为支持上海人民反帝运动而爆发的各地罢工斗争中，规模最大、影响最深、时间最长的是广州和香港工人的大罢工，即省港大罢工。这次罢工成为自五卅运动开始的全国反帝浪潮的中流砥柱，它进一步推动了全国革命形势的深入发展。领导这场中外闻名的大罢工的，正是苏兆征、邓中夏、林伟民等共产党人——这些出色的工运组织者、领导者，而苏兆征为发动和领导这次罢工斗争竭尽全力。

　　五卅惨案发生后，中共中央向广东区委下达了举行援沪同盟罢工的电令。5月31日当晚，中共广东区委书记陈延年、国民党中央党部中共党团书记杨匏安、国民党军事委员会中共党团书记周恩来、中华全国总工会中共党团书记邓中夏，作为省港工人领袖的苏兆征，还有广州革命政府聘请的苏联顾问鲍罗廷，一起在鲍罗廷公馆召开会议，针对一天前在上海爆发的五卅惨

省港罢工前的中共广东区委

　　1922 年 6 月，广东的中共党员只有 32 人。在 1925 年 6 月省港大罢工前夕，中共广东区委在广州已先后建立了粤汉路、广九路、广三路、海员、内河轮渡、码头、驳载、石井兵工厂、自来水厂、汽车、钢铁、邮务、电话、油业、泥水、木匠、建筑、酒楼茶室、洋务、人力车、车衣、理发、卫生、店员以及广东大学、妇女、农协、市郊农民等 30 多个支部，有党员 400 多人。当时广东区委书记陈延年为加强集体领导成立了区委主席团（后改设为委员会），有周恩来、穆青、张太雷、冯菊坡、苏兆征、刘尔崧、彭湃、阮啸仙、蔡畅、邓颖超、林伟民、杨殷、梁桂华、邓中夏、李森、谭平山等人，都是宣传、组织、军事，工农、青年、妇女运动杰出的领导人。到 1926 年 9 月，广东党员发展到 5000 多人，占全国党员人数 27.1%，居全国各省区首位。

案和上海人民反抗帝国主义斗争的问题，进行了讨论。当晚会议的重要议题就是讨论如何在省港举行全局性的大规模反帝政治罢工。但恰在这段时期，盘踞广州的反动军阀杨希闵、刘震寰阴谋推翻广东革命政府，广州处于紧急备战状态，故而中共广东区委决定首先于 6 月 2 日组织广州各界群众举行声援上海人民的示威游行，同时也积极进行罢工的准备工作。中共广东区委决定，一方面派苏兆征、邓中夏、杨殷、杨匏安等人前往香港，与已在香港的共产党员等会合开展组织发动工作，另一方面又派李森、冯菊坡、刘尔崧等人在广州发动沙面洋务工人罢工。他们均积极进行罢工的各种准备工作。

　　中共广东区委这一安排，旨在依靠苏兆征发动香港工人开展罢工运动，以反抗以英国为首的列强对中国人民的压迫和剥削。苏兆征也理解到，在香港进行深入细致的组织工作是当务之急，挑起这一重担义不容辞。而此时，廖仲恺则以国民党中央工人部长的身份向广东各工会发函，希望广东各工会"力顾大局，勿出于罢工之途"。①廖仲恺所指大局，是当时杨希闵、刘震寰的滇桂军叛乱未平定，广东局势尚未稳定。发出这一公函的目的，就是以政府的名义压抑广东各工会已有的罢工苗头。6 月 14 日，当广州叛军平定后，廖仲恺立即在国民党中央政治委员会第十四次会议上指出，此时"对于上海惨杀案应采举动，由本会指导之"。三天后，廖仲恺出席广州各界代

①　《集贤工人罢工之详情》，《广州民国日报》1925 年 6 月 1 日。

表声援上海五卅惨案及中国其他地区华人被帝国主义惨杀会议，并发表演说，做出成立国民党指导下的维护罢工运动的组织——广东各界对外协会的决定。不久又委派国民政府工人代表杨匏安，前往香港协助苏兆征发动罢工。

可以看出，五卅惨案发生后，国共合作在着手准备罢工工作。但很明显，国共两党都在努力试图将罢工掌控在本党手中。[①]值得注意的是，省港大罢工工作落实到具体实践时，身兼国民党员和共产党人的苏兆征终究才是省港大罢工的最直接领导者。

要发动众多香港工人起来罢工，并非易事。共产党在香港工人中的力量非常薄弱，只有党员十人及共青团员十余人，党员多是码头工人，在香港工人中影响不大；团员则是学生，平日里与工人的接触也不多。香港工会有一百四十多个，共分三派（工团总会派、华工总会派、独立的大工会），且没有一个统一的组织领导，还有一部分工会操纵在一些资本家和黄色工会手里。而且港英当局也吸取了当年海员罢工的教训，对工人和市民的动向一直在暗地里监视着。虽然香港工人阶级都有强烈的反帝要求，但要全面发动香港的不同工人群体参加大罢工，力量还是比较薄弱。罢工能否发动，确无把握。[②]时任中共香港支部书记的黄平清醒地意识到，我党当时在香港工会中，仅对海员工会影响较大，因为海员工会的领袖是我们共产党人苏兆征。因而通过海员工会的活动来取得和其他工会的联系。[③]基于此，再加上中共广东区委也希望借此机会进一步加强对香港工人罢工斗争的组织和领导，因此，工作用力的支点在于苏兆征及其所领导的海员工会。在苏兆征返回香港不久，广东区委又加派邓中夏等人前往香港配合苏兆征的工作。邓中夏是湖

---

① 国共两党均重视省港大罢工，引发了后来学术界对省港罢工领导权归属问题的讨论。代表性观点可见李晓勇：《国民党与省港大罢工》，《近代史研究》1987年第4期；禤倩红：《国共两党与省港罢工》，《近代史研究》1991年第3期。这两篇代表性论文观点明显不同。
② 邓中夏：《中国职工运动简史》，载《邓中夏全集》（下），人民出版社2014年版，第1527页。
③ 黄平：《回忆省港澳大罢工》，载《党史资料》丛刊总第二辑，上海人民出版社1980年版。

南人，又是初次到香港，对情况不太熟悉，不懂广州话，言语不通、交流不畅，基本上是与苏兆征等一起行动。

为争取更多的工人群众加入到罢工行列中来，苏兆征等人深入工人群众中进行宣传发动。由于五卅惨案发生后，全国处于风起云涌的反帝浪潮激荡下，香港工人的爱国热情空前高涨，要求声援上海工人的斗争。因此，经过短时间的工作，工人就发动起来了。苏兆征等人积极与各工会领袖进行接触，揭露帝国主义侵略和压榨欺凌乃至屠杀中国人民的罪行，激发他们的爱国热情，提出："我们应该组成一个联合的机构来领导和指挥大家的行动，加强我们的战斗力，使敌人不敢轻视我们。""因兆征同志平常对于各工会领袖有一种吸引力，故终能使黄色工会与行会工会一致赞成这次最大的罢工。"①

作为中华全国总工会代表的苏兆征，三年前，也就是1922年，用最直接的、最简单的增加工资经济诉求、工作中平等对待的理由来说服香港海员开展罢工、向轮船资本家施加压力，很容易被同事所接受，因为那些诉求紧紧牵连着海员的切身利益。而在1925年6月，苏兆征要发动组织的不只是海员工会，还有香港其他大大小小、类型各异的120多个工会。而此次号召发动的罢工的目的——声援上海工人，反抗帝国主义的暴行和压迫，却似乎与香港工人不怎么有直接关联。如何将罢工的目的与香港工人群众的直接切身利益诉求紧紧联系起来，如何成体系地组织香港林林总总、缺乏共识、步调又不一致的众多工会组织，成为苏兆征面对的两大难题。回到香港的苏兆征试图从几个方面着手开展工作：上层工团方面，由邓中夏、黄平、苏兆征三位负责；下层工人群众方面，由李廷诸同志负责；学生方面，由彭月笙（C.Y.）同志负责；商人方面，则无法活动。②他们组织激进工人、学生在街头巷尾向香港工人派发传单，通过宣传活动调动工人群众的爱国情绪。苏兆

---

① 邓中夏：《苏兆征同志传》，载《邓中夏全集》（下），人民出版社2014年版，第1322页。
② 《中共广东区委关于省港罢工情况的报告》（1925年7月），载中央档案馆、广东省档案馆编：《广东革命历史文件汇集1921-1926年（甲6）》（1983年印行），第27页。

征等人联系各工会领袖，与工会领袖协商，通过说服这些工会领袖，让他们发动各自统辖的工人，加入到反帝斗争的行列之中。至于香港的华商方面，中共缺乏相应的活动能人和关系网，无法活动。因此苏兆征没有计划也无法将组织发动工作延伸至香港的华商群体。

事实证明，苏兆征的方案是有效的。在实行了数天后，香港中环车衣工会聚集着一些工会的领导，他们是苏兆征和邓中夏召集过来的。擅长讲故事的邓中夏给工会的组织者诉说了五卅惨案的凄惨境况，勾起了工会组织者中国人的同胞情结，接着苏兆征见机说明了罢工的重要性。尽管工会代表们被说动了，有意愿组织工会工人参与罢工，但真正要罢工，一些工会组织负责人也是有所顾忌，他们提出三个问题：第一个是罢工工人的食宿问题；第二个是如何应付港英政府封锁出口问题；第三个是罢工程序问题，即分批罢工还是同时罢工。苏兆征回复：第一，广东政府接受共产党的提议，赞助香港罢工，解决食宿问题；第二，封锁出口，仍有几条水路和旱路回广州；第三，坚定主张同时罢工的重要性。同时他强调，有一点是不会变的，那就是这次罢工一定会举行，我们不能再任由帝国主义来欺压我们了。在苏兆征解答了与会代表们的这些困惑后，被说动的与会代表转而讨论罢工宣言以及罢工该对港英当局提出何种条件。事后，苏兆征将这些条件整理成一份文件，由香港各工会联名呈送给港英政府，内容大致如下："第一纲，拥护上海工商学联合会之十七条件；第二纲，对港英政府要求六项：一、政治自由；二、法律平等；三、普遍选举；四、劳动立法；五、减少房租；六、居住自由。"①但港英政府无视这份公文，没有任何回应。

6月上中旬，苏兆征、邓中夏等人以中华全国总工会的名义，召开了各工会代表参加的联席会，会上，苏兆征提出："我们工人阶级是最热爱祖国、热爱自己民族的，我们应该号召全港工友，一致行动起来，响应全国总工会的召唤，向帝国主义番鬼佬，展开坚决的斗争。"联席会通过罢工的决

---

① 邓中夏：《中国职工运动简史》，载《邓中夏全集》（下），人民出版社2014年版，第1529页。

定，并成立罢工总指挥部"全港工团联合会"。苏兆征被选为干事局局长，邓中夏为总参谋，负责罢工前的各项工作。随后邓中夏、苏兆征等又召开了香港工团代表联席会议，研究通过了罢工宣言、要求、罢工日期等事项。在苏兆征的提议下，会议一致通过发表罢工宣言和香港各工会联名给港英当局的公文。罢工宣言提出："中国自从鸦片战争之后，帝国主义除了经济的政治的文化的侵略之外，还要加以武力的屠杀，是而可忍，孰不可忍！故我全港工团代表联席会议，一致决议与上海汉口各地取同一之行动，与帝国主义决一死战。我们为民族的生存与尊严计，明知帝国主义的快枪巨炮可以制我们的死命，然而我们亦知中华民族奋斗亦死，不奋斗亦死；与其不奋斗而死，何如奋斗而死！可以鲜血铸成民族历史之光荣。所以我们毫不畏惧，愿与强权决一死战。"[①]

显然，与香港海员工人罢工明显区别，就在于省港罢工一开始就提出了中国工人阶级政治上的明确要求，表达了政治上的觉醒。

在香港发动罢工所能依靠的力量，除了20多位共产党员和青年团员，更多的是没有党派的工人群众。虽然苏兆征在1922年的香港海员罢工运动中名声噪起，在第二次全国劳动大会上当选为中华全国总工会执行委员，但任香港海员工会会长一职的是谭华泽。因此，在1925年6月19日，当谭华泽没有按照预定的总罢工时间下达罢工令时，整个香港的工人没有任何动静。着急的苏兆征态度尚为温和地质问谭华泽："你究竟下不下罢工令？不然，我们就自己动手了。"苏兆征的质问，也并没有奏效。只是在海员们的严厉指责和"饱以老拳"威逼下，懦弱怕事的谭华泽最终拖延到了晚上才下达了罢工令。经过一番准备和筹划后，香港工人的反帝政治大罢工于1925年6月19日正式爆发。当天，在苏兆征等人的领导下，依照计划，有共产党员和青年团员参与其中的海员工会、电车工会、华洋排字工会先行罢工，接着的

---

① 邓中夏：《中国职工运动简史》，载《邓中夏全集》（下），人民出版社2014年版，第1529~1530页。

便是起落货工会、煤炭工会，最后跟随附和罢工的是苏兆征他们认为的黄色工会——机器工会、船坞工会。罢工伊始，香港各工会的领导人就分批次组织罢工工人或乘火车、或乘轮船分道相继离开香港回广州。邓中夏等中共党员也撤离香港，苏兆征仍暂留香港，继续发动指挥罢工，"以俟全罢后方离港"。罢工工人冲破英帝国主义的阻挠和威胁纷纷离开香港返回广州。不到半个月，参加罢工人数达到二十余万人，经常逗留在广州的有六七万人。他们都及时得到了妥善的安排。

在当时国共合作的大背景下，执掌广东政权的国民党中央对罢工的态度尤其重要。如何才能在广东广州这一国民党统治的地盘上举行有20万人参加的规模宏大的罢工，本身就需要得到国民党领导层的认可和支持。在国民党一大通过的纲领中，对于"扶助农工"有明确的规定。孙中山在多次演讲中提到了工人阶级之于国民革命的重要作用，也期望国民党做好动员利用工人工作，由此还在国民党中央设立了工人部。争取工人参加也是国民革命的一项重要内容。因而，对于省港罢工，国民政府采取的是同情与支持的态度。支持工农运动，但又不让逸出其管控范围，可以说是国民党的基本政治立场。最为支持工农运动的国民党左派领袖廖仲恺认为，工农实现完全自由权利的前提是国民党成功之后，他在第二次全国劳动大会开幕式上致辞："工农利益与革命是不可分的，但是革命是工农为主才行。革命要成功，第一是要工农大联合共同奋斗，若是分离，革命便不能成功"，[①]"同时亦要国民党成功后，才有工农集会结社之自由，然后工农利益才能达到，所以工农与本党要共同努力实现国民革命。"廖仲恺在孙中山逝世后仍然积极地支持工农运动，但因为忙于广东政府工作，在工人运动中更多的是充当旗帜角色，并没有进行具体决策或参加工人运动的实际性工作。而当时国民党其他核心人物如汪精卫、蒋介石等人的工作重心放在军政方面，故均未实质性参与工人运动中来。

---

① 尚明轩、余炎光编：《双清文集》（上卷），人民出版社1985年版，第754页。

所以，从香港回来的代表（中共党员）"与廖（仲恺）、胡（汉民）等接洽时，极其顺利"。可以看到，6月19日，廖仲恺出席了国民党中央政治委员会第十六次会议，议决新政府成立日期为7月1日，会议还决议组织成立广东政府。这对于省港大罢工而言是一件好事。广东政权的稳定，有助于省港大罢工后勤保障工作的落实。

6月21日，广州沙面洋务工人在中华全国总工会的领导下宣布总罢工，并成立了沙面工人声援上海惨案罢工委员会。在广州外商洋行工作的华工也参加了罢工。广州和香港两支罢工工人队伍会合在一起，形成了一股巨大的反帝洪流。当天，廖仲恺召开了国民党中央政治委员会第十七次会议，通过了《关于废除不平等条约的中央执行委员会告全国人民书》。这是国民党中央首次直接表态支持省港大罢工，坚定了苏兆征组织罢工的信心。与此同时，留在广州的林伟民、李启汉等人积极筹划罢工开始后的各种准备工作。在国民党左派领袖、时任大本营（后为国民政府）财政部长兼广东省长廖仲恺的支持下，广东革命政府也同意拨给一笔款项，作为罢工工人的伙食费，并封闭了广州的一些烟馆、赌馆、妓院和闲散的祠堂、会馆，用作罢工工人的宿舍，尽力由此解除罢工工人的后顾之忧。

6月23日，在中共广东区委和中华全国总工会的组织领导下，回到了省城的香港罢工工人和广州各界人士共十万多

图为省港工人大罢工集会情景

人，在东校场举行集会，声援上海五卅惨案以及支援省港大罢工。廖仲恺以国民党中央代表身份担任大会主席并发表演说。会后举行反帝示威游行，当游行队伍途经沙面对面的沙基路时，遭到了驻扎在沙面租界的英国军警开枪扫射，停泊在白鹅潭的英国、法国军舰开炮助威，"当场死亡五十二人，伤一百七十余人，轻伤者不计其数"。发令英法军队开枪的人，正是当年致电陈炯明请广东政府派代表与海员代表一同往香港谈判香港海员罢工结束问题的英国驻广州领事詹美逊。在惨案发生前夕的一封信里，詹美逊就预言要对中国工人开枪，"吾人必须预先采取手段，以防止类似在镇江、九江、汉口曾经发生的群众暴行。若不幸此间发生同类事故，煽动群众作出暴行的那些人必将碰得头破血流"。①帝国主义又一次对中国人民实行血腥屠杀，更加激发人民的愤慨，促使更多工人投入反帝斗争行列，罢工规模进一步扩大。通过共产党的发动，工人们强烈的爱国情绪被激发起来。

为应对沙基惨案，廖仲恺专门召开了国民党中央政治委员会第十八次会议特别会议。会议出席者除了政治委员会委员外，还有邹鲁、古应芬和军事顾问加伦将军。会议决定："一、组织调查委员会；二、发表国民党宣言；三、向领团、使团和各有关国家政府提出抗议；四、断绝英、法、葡之利益与关系；五、断绝与沙面之利益与关系；六、秘密准备防守广州及黄埔之计划；七、为死难烈士出殡。"②

从1925年6月23日至6月30日共8天，广州的国民党中央连续召开了十次会议，主要讨论沙基惨案、省港罢工以及废除不平等条约问题。就在6月29日，国民党召开了中央政治委员会第二十五次会议，"决议由全国总工会组织一特别委员会，作为决定罢工策略之机构，国民党中央政治委员会派汪精卫、廖仲恺参加指导"。这一决议对罢工委员会的组建意义重大，这一国民

---

① 伦敦《泰晤士报》1925年6月25日(转引自博尔格:《美国政策与中国革命1925—1928年》，纽约1968年版，第41页)，见徐洛:《中国大革命时期美国对华政策(1925—1928)》,《世界历史》1990年6期。

② 《广州民国日报》1925年6月24日。

党认可的独立组织机构，是省港大罢工能够延续一年零四个月的重要支撑。6月30日，公布了国民政府委员会名单。[①]

广州国民政府成立
7月1日，广州国民政府正式成立，由汪精卫任政府主席，胡汉民任外交部长，许崇智任军事部长，廖仲恺任财政部长，聘任鲍罗廷为高等顾问。设置国民政府军事委员会，汪精卫兼任主席，蒋介石等8人为委员，并取消各地方部队名称，统一称作国民革命军。

可见，在1925年7月之前，广州的国民党中央对省港罢工很是重视，在高层内部组织了一系列相关会议，从指导思想、政策与组织领导上对省港罢工做了规划，使得以苏兆征为代表的省港罢工直接组织领导者更加大胆地去谋划罢工工作。对此，中国共产党广东区委也承认："惟须言明者，香港工团领袖多隶国民党籍，我们此决在港鼓吹罢工，多号国民党中央及革命政府之命，故收效极速。"[②]自罢工运动发生以来，中国国民党即下动员令，募款慰问以及通电声援，无不尽力，且训令国民政府予以援助。7月8日，国民政府发出给广东政府的训令，执行对于维持省港罢工决议案（共七条）；广东政府接到训令即分别令行各机关。[③]应该说国民党及其政权对省港罢工的支持力度还是不小的。

中国共产党在罢工初期，专门调整《工人之路特号》为向工人群众宣传省港大罢工的舆论阵地，使省港大罢工的工作、组织公开透明地展现在工人群众面前，为后来有力地打破反动分子和帝国主义针对省港罢工的造谣做出了重要的贡献。

---

① 国民政府委员会委员：汪精卫、胡汉民、张人杰、谭延闿、许崇智、于右任、张继、徐谦、林森、廖仲恺、戴季陶、伍朝枢、古应芬、朱培德、孙科、程潜。
② 《中共广东区委关于省港罢工情况的报告》（1925年7月），载中央档案馆、广东省档案馆编：《广东革命历史文件汇集1921—1926年（甲6）》（1983年印行），第27~28页。
③ 秋人：《省港罢工的过去和现在》，载《政治周报》第9期，1926年4月26日。

《工人之路》与《工人之路特号》

　　1925年5月31日，邓中夏、苏兆征在广州创办了《工人之路》周刊，即是一个月后改版的《工人之路特号》的前身，作为中华全国总工会省港罢工委员会机关报，对省港罢工委员会发布的命令、指示的刊载极其详细，并逐日报道省港大罢工的进展情况和财政收入等相关情况，成为苏兆征组织发动和指挥省港大罢工的重要武器。

　　《工人之路特号》从1925年6月24日开始发行，1927年4月被迫停刊，其间发行了616期，发行最多的时候一期发行一万余份，"几乎每四五个罢工工人就有一份"。省港大罢工工人在此后一年零四个月的罢工期内，主要就是通过这份报纸了解以苏兆征为代表的罢工工人代表大会、罢工委员会的决议、文告、通告等各种决定和财务、评论文章等，传递共产党的斗争意图和方针政策。

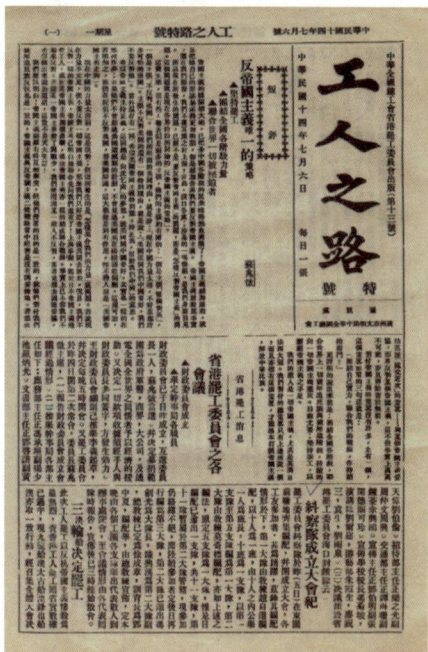

《工人之路特号》第13号（1925年7月6日）登载苏兆征撰写的《反帝国主义唯一的策略》

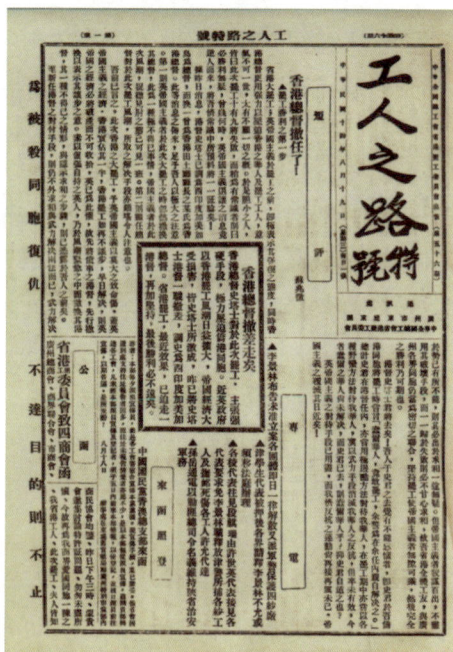

《工人之路特号》第56号（1925年8月19日）登载苏兆征撰写的《香港总督撤任了！》

　　广东的政治环境，总体上是对工农运动有利的。国民党领导的广东政府对省港罢工和香港罢工工人到广州基本上持欢迎态度。虽然，在省港罢工前夕，刘震寰、杨希闵叛乱得到平息，第一次东征取得胜利，但广东各军防区制在作祟，政令通达全省暂时还只是广州国民政府的空想；国民党右派掌控的广东机器工会与左派的广州工人代表会彼此对立，并不团结。然而，在1925年6月，被张国焘称为"一个奇特的城市，它在落后与混乱的背景上，涂上了一层革命的彩色"①的广州，却还是成为省港大罢工的重镇。

二、担当重任

从一开始，苏兆征等领导人就意识到这是一场旷日持久的战斗，须做好长期打算，要使罢工得以实现，必须有坚强的领导核心。为加强党对罢工斗争的领导，中共广东区委决定在罢工委员会中成立中共党团委员会，作为罢工斗争的领导核心，决定重要工作。筹备罢工时，指定冯菊坡、刘尔崧、施卜、李森、林伟民、陈延年六人组织党团，以李森为书记。随之，罢工开始，"邓中夏、黄平、苏兆征等先后由港回省，我们党团亦随之扩大，每晚开会一次，所有一切进行策略，皆取决于此"。②苏兆征等人组成的中共党团委员会，成为组织发动罢工的领导核心。罢工期间，苏兆征还担任中共广东区委委员、中共广东区委职工运动委员会书记等职，认真执行党的决定。

大罢工已经实现。接下来，首先面临的一个突出问题，就是如何把数以十万计的罢工工人组织起来，建立统一的指挥机构。在酝酿成立省港罢工委员会的过程中，中华全国总工会和中共广东区委明确指出，要将省港罢工委员会置于中华全国总工会直接领导之下；罢工委员会的

图为苏兆征（中）与邓中夏（右）等罢工领导人在开会

---

① 张国焘：《我的回忆》（上），东方出版社2004年版，第405页。
② 《中共广东区委关于省港罢工情况的报告》（1927年5月），载中央档案馆、广东省档案馆编：《广东革命历史文件汇集1921-1926年（甲6）》（1983年印行），第27页。

领导成员应由三方面人员组成，即全国总工会方面、香港罢工工人方面和沙面罢工工人方面，各派出代表若干人组成。苏兆征、邓中夏等人一开始就预见到这次为了反对帝国主义、求得民族解放的政治斗争——大罢工不是一朝一夕就能结束的，所以"必须有伟大缜密的组织"，"才能历久而不敝"。为此，苏兆征和邓中夏等人提议设立罢工工人代表大会。

罢工工人代表大会作为罢工的"最高议事机关"，是罢工工人的最高权力机关。按照民主集中制原则，罢工工人代表大会的代表按参加罢工各工团人数比例普选，50人选一个代表，共选出800多位。"这是真正的普通选举，所以各代表能代表各工友的与帝国主义奋斗。"[①]工人代表接受群众的委托，把他们的意见建议带到代表大会，会后则将会议的精神传达到群众中。凡是涉及罢工的大事，如罢工委员会委员及主要负责人的任职、罢工有关的方针政策等，都须提交代表大会审核通过方可执行。罢工工人代表大会讨论制定重大政策，审查、监督所属委员会、局的工作，并有权对不称职者予以罢免。罢工工人代表大会的作用随着罢工进一步发展而日显突出，一切重大事情都经过集体讨论决定，保证了罢工各项政策的贯彻执行，罢工工人队伍内部出现矛盾，也能依靠代表大会及时予以妥善解决。罢工工人代表大会成为发扬民主、团结罢工工人的一种重要组织形式，是民主集中制的一次重要实践[②]，充分显示出中国工人阶级的民主精神和革命精神。

1925年6月26日，经选举产生的800多名罢工工人代表召开省港罢工工人第一次会议，一致通过成立省港罢工委员会的提议，并讨论通过了《省港罢工委员会章程》。省港罢工委员会由林伟民、李森（即李启汉）（以上代表中华全国总工会），苏兆征、何耀全、冯煜南、麦捷成、陈锦泉、李棠、麦波扬（以上代表香港罢工工人），曾子严、黎福畴、陈瑞楠、梁德礼（以上代表沙面罢工工人）13人组成。罢工委员会决定聘请廖仲恺、汪精卫、邓

---

① 苏兆征：《省港罢工经过》，《苏兆征文集》，人民出版社2013年版，第48页。
② 在1926年3月31日的《勖代表大会代表》一文中，苏兆征讲道："（代表大会）真是又民主，又集中。"见《苏兆征文集》，人民出版社2013年版，第47页。

中夏、黄平、杨匏安为顾问，争取广州革命政府对罢工的支持。罢工委员会"在罢工期内，为最高执行机关，委员会在大会与国民党政治委员会与监督之下"。（黄平语）[1]这也是工人阶级"学习掌握政权"的重要尝试。1926年3月，在《省港罢工工人代表大会第100次会议纪念刊》上，苏兆征发表文章指出：政治方面经许多名人军政各界之训示，增长我各工友之智识及经验；集会与组织问题，更有长期之训练与教育，"虽然不是什么广大规模，亦可为我工人掌握政权之初步学习"。[2]

1925年7月3日，省港罢工委员会召开成立大会，全称为"中华全国总工会省港罢工委员会"，表明它是中国共产党通过中华全国总工会领导的反帝政治罢工斗争的革命群众组织。林伟民以中华全国总工会执行委员会委员长的身份主持了第一次会议，一致选举苏兆征为省港罢工委员会委员长并兼任财政委员会委员长，何耀全、曾子严为副委员长，杨始开为秘书长，李森为干事局局长。

省港大罢工的领导人中，群星闪耀。苏兆征与林伟民、邓中夏、李森、何耀全等革命战友结下了深厚的同志间友谊。

省港罢工委员会在广州东园[3]办公，罢工委员会下设干事局，干事局之下分设各部机关，分置文书、宣传、招待、庶务、交通、交际、游艺七部，另设财政委员会、纠察委员会[4]（纠察队）、会审处、保管拍卖局、审计局、铁路委员会、工人医院、宣传学校等机关，"并有监狱，拘禁犯人"。罢工委员会权力很大，"按其实际，实不啻一个政府，它有绝对权力，可以处置一切与罢工相关之事，广东政府不得过问"，几乎是"一切权力都有，

①　《省港罢工委员会致国民党中央政治委员会函》，《工人之路特号》第50期（1925年8月13日），载《苏兆征研究史料》，广东人民出版社1985年版，第148页。
②　苏兆征：《勖代表大会代表》，载《苏兆征文集》，人民出版社2013年版，第47页。
③　"东园"原是清末广东水师提督李准的私人花园，民国初年已改为民众娱乐场所。
④　全称为"中华全国总工会省港罢工委员会纠察委员会"。

只没有杀人权"。①它得到广东国民政府的支持，代行了政府的部分职权。它可以不通过政府，直接作出对整个广东省都具有法律效力的决议、命令，是一个带有一定政权性质和作用的机关。其时被称为"东园政府"，这里也是中国工人政权的雏形的诞生地。它得到了国民政府特别是廖仲恺等国民党左派的支持，并非与国民政府分庭抗礼的关系。

位于广州东园的省港罢工委员会

　　罢工委员会设立后，成了带领广大工人进行斗争的最高指挥机关，而身为罢工委员会委员长的苏兆征，自觉把自己置身于工人代表大会之中，接受代表们的监督与质询。他定期出席代表大会，向代表们汇报工作，或将罢工有关重大事项和处理经过及时向大会报告，提请代表们审查讨论和作出决议。广大罢工工人对此十分满意，因而更加齐心协力投入罢工斗争中。一位

① 邓中夏：《中国职工运动简史》，载《邓中夏全集》（下），人民出版社2014年版，第1532~1533页。代行政府职权这一点后来也被质疑。

参加过省港罢工的老工人回忆："苏兆征和邓中夏等同志经常出席代表大会，向代表们作报告，经常与代表们保持密切的联系，从而使代表大会的权威性日益提高，得到了广大罢工工人的热烈拥护。"

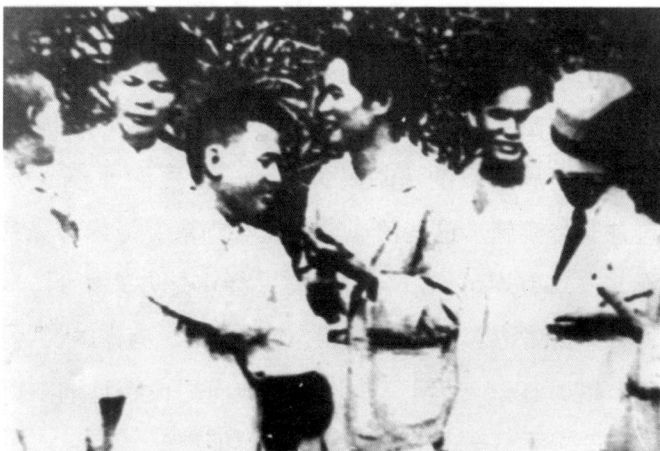

苏兆征（右二）、邓中夏（右三）与罢工委员会委员在一起

罢工工人代表大会的设立是一大创举。邓中夏在总结省港大罢工的经验时特别指出："这个八百余人的代表大会的确起了不可思议的伟大作用。罢工策略经过集体的讨论，因而取得一致的团结。罢工内部许多纠纷，都依靠代表大会的威权予以解决。黄色领袖以及一切反动分子之阴谋企图，都受到代表大会的严厉制裁。工人群众的一切意志，都经过代表带到代表大会。罢工消息又经过代表带入工人群众。罢工委员会的会务及财政，皆经常在代表大会报告，以致外面一切谣言都失其效用。罢工各机关重要职员，都经过代表大会选举。不称职时又经过代表大会随时撤职，因此罢工各机关不致腐化。真的，代表大会奠定了此次罢工。这个经验我们是在这次罢工中第一次取得的。"①这个依照苏维埃模式设立的罢工工人代表大会，是中国工人阶级学习管理政权的一次重要历练，这种组织形式和制度的创设，已经类于民主集中制的雏形，具有重要的意义。主事者之一的黄平讲道："由于有关罢工事项都要经过代表大会，所以实际上它成为罢工工人中最高议事机关。这样，不仅挫败了全港工团联合会中一些工会领袖的破坏活动，而且罢工工人代表大会还体现了真正的工人民主，党的政策可以通过代表大会贯彻下去，

① 邓中夏：《中国职工运动简史》，载《邓中夏全集》（下），人民出版社 2014 年版，第 1533 页。

群众对党的认识一天天提高，党在群众中的威信也一天天提高。"①学习掌握政权，是工人阶级的第一课。现在，通过省港大罢工，广州、香港的工人阶级已经初步有了一些建设政权、运作政权、管理政权的实际体验。

干事局下设的法制局负责起草各项法规条令草案，由代表大会审议通过并监督实施。这些法规编为《法制录》，内容完备，各机关依法组建、运作，办事有规可循。会审处有《会审处办案条例》，具刑法性质，承审员5人，"由省港罢工工人选充，计省2人，港占3人"。工人纠察队也设军法处和监狱。1925年7月，广州国民政府另设特种刑事审判所受理会审处上诉案件，罢工委员会也可选派陪审员参加审理。

具有特别重要意义的是，苏兆征尤其注意在罢工工人中发展党的组织，壮大党的队伍，大力吸收党员并加强对工人党员的培训。在罢工期间，有近千名表现突出的工人积极分子参加了中国共产党，其中邓发、何耀全、李源、刘达潮等人就是由苏兆征亲自培养介绍入党，他们成为革命队伍中的骨干。

三、运筹帷幄

作为罢工委员会和财政委员会委员长，苏兆征更是日理万机，为罢工斗争竭尽全力。正如邓中夏所说的那样，当时"有隔日一开的八百余人之代表大会，有封锁香港的二千余人之纠察队，有法庭，有监狱，有法制局以惩处汉奸，有公共饭堂，有公共宿舍，有学校以供给工友学习，有检验货物处，有仇货拍卖处，有船支放行领证处（凡中外轮船来广州者皆须向罢工委员会呈报，须领得证书方可放行），有骑船处，（不拘中外轮船皆派罢工工人骑船监视，不准驶到香港）以封锁香港和检查仇货，在这样的庞大的组织中，百务丛错，真是一日万几。然而，兆征同志却处之裕如，以至于将近两年而不少懈。这可见兆征领导群众的艺术和解决问题的才能了"。②

---

① 黄平：《回忆省港澳大罢工》，载《党史资料》丛刊总第二辑，上海人民出版社1980年版。
② 邓中夏：《苏兆征同志传》，载《邓中夏全集》（下），人民出版社2014年版，第1323页。

1. 安置回穗罢工工人

如何妥善安置陆续回到广州的数万名香港罢工工人，解决他们衣食住行等生活问题，使他们无后顾之忧，情绪安定、斗志昂扬投入反帝斗争中，这是一项重要而艰苦的工作，事关罢工斗争成败。除了有干事局局长李森负责外，苏兆征亲自过问并经常主持解决重要问题，他向工作人员提出："我们应该十分重视安排好工友们的生活问题，只有工友们生活上无后顾之忧，情绪饱满，也就能够斗志旺盛地与帝国主义作斗争。要是这些事情办不好，反过来就会给帝国主义者以可乘之机，使罢工斗争遭受不必要的损失。"罢工期间，罢工委员会办起工人食堂，还建立了医院、学校等，切实解决了工人疾病医疗和子弟读书的问题。对工人的日常伙食，专门制定了各区饭堂的"用膳条例"，以保证伙食供应和饭堂秩序，并将罢工工人家属的食宿问题也列由罢工委员会负责安排。苏兆征与李森等人意识到罢工将会是一场旷日持久的斗争，各项工作均需从长计议，因而及早动员筹备过冬御寒衣被。在罢工工人代表第二十六次大会和罢工委员会第六十八次（1925年9月22日）、第八十五次（1925年10月10日）会议上，均进行了专题讨论，研究解决办法，并向社会各界劝募。在每次集会上，苏兆征讲的话都为工人所倾心接受，并鼓舞起人们斗争的热情。人们都说："他的一言一行都是我们工人行动的指令。"

2. 组建罢工工人纠察队封锁香港

为维护罢工秩序，执行封锁香港和抵制洋货等任务，在广州国民政府的支持下，罢工委员会成立了有2000多人、200支枪的工人纠察队，共编为6个大队，22个支队，分布在全省各个重要港口，是保证罢工顺利进行的重要力量。纠察队的责任，为维持秩序、逮捕走狗、截留粮食、扣缉仇货。[①]苏兆征十分重视工人纠察队的建设，他提出，"征集我们热心的工友，武装起来"，"不独是为我工人本身谋利益，并且为保卫国家的干城，更加联络各乡

---

① 邓中夏：《中国职工运动简史》，载《邓中夏全集》（下），人民出版社2014年版，第1534页。

村的农友，一同起来打倒帝国主义！"他还动员弟弟苏兆光参加工人纠察队。

工人纠察队设总队部，总队长1人、训育长1人，为全队主脑（后改为7人的纠察委员会），下设5个大队、每个大队下分3个支队，支队以下是小队、班，12人为1班，设班长1名。队员穿军装、戴军帽，穿草鞋、缠绑腿，臂上佩戴缝有白色"纠"字的红布臂章。建制仿军队、装扮也像军人。中共广东区委军事部部长、黄埔军校政治部主任周恩来十分关心这支工人纠察队，派共产党员徐成章、唐澍等人担任军事教官，徐成章任总教练，对工人纠察队员进行严格的军事训练。

罢工初期，工人纠察队的封锁线只限于珠江口一带，东起深圳，西至前山、湾仔。后来广州国民政府收复东江、南路，统一广东，工人纠察队的封锁线也扩展至粤东的汕头、粤西的北海，一共19个港口都有工人纠察队驻防。工人纠察队拥有12艘巡逻艇，设有艇长、党代表，每天结队巡逻，查禁洋货。

罢工纠察队封锁香港以来，在各海口常常与奸商土匪发生战斗，如在沙鱼涌、太平、中山、白鹅潭、淡水、前山等地都发生过战斗，有些工人纠察队员为罢工斗争献出了生命、作出了牺牲。1925年12月10日，省港罢工委员会在东园举行有万人参加的追悼大会，悼念在历次战斗中牺牲的50多名工人纠察队员，苏兆征主祭，并宣读《祭殉难纠察文》。

1926年7月5日，罢工纠察队举行成立一周年纪念大会，苏兆征亲临大会祝贺并讲话，他说："罢工纠察队的奋斗精神，使我们非常敬佩。在奋斗期间，我们已得到许多朋友的帮助，如沙鱼涌铁甲车队，芳村的农民兄弟都非常同情我们，有的还牺牲了生命。我们要认清敌人就是帝国主义及其走狗，我们一定要打倒他们，为死难烈士复仇，使我们的罢工得到完全的胜利，使我们工人阶级的斗争得到完全的胜利。"[①]

在省港罢工中，高峰期超过20万的罢工工人集中住在广州，数千人的罢工纠察队在沿海布防封锁香港、维护治安，为国共合作的革命统一战线和广

---

① 《工人之路特号》第369期（1926年7月6号）。

州国民政府构成坚强后盾和强大的社会支柱，有力地促进了广东革命根据地的统一和巩固，为1926年7月开始的北伐战争提供了重要准备。在北伐战争中，又有数千名省港罢工工人参加了工人纠察队。他们不但与英帝国主义、军阀、土匪、恶霸进行英勇顽强的斗争，而且在大革命失败后举行的广州起义中，组成了"最可靠、最忠实、最有训练的敢死队"，成为起义的武装骨干，为革命冲锋陷阵，为建立中国第一个红色城市政权立下不朽功绩。就如邓中夏所指出的："省港罢工遗传下来的种子，直接影响到1927年12月的广州公社的诞生。"①

3. 指挥调度财政委员会

苏兆征兼任委员长的财政委员会，是一个重要的部门，它直接关系到罢工委员会的生存、关系到罢工斗争的成败。把罢工工人组织起来以后，如何解决10多万罢工工人的生活费用问题，这也是一个极为棘手的难题。这个难题不解决，大罢工不可能长期坚持下去。应该说，在解决罢工工人的生活费用问题上，廖仲恺作出了很大努力。他曾以国民政府财政部名义，每月拨给罢工委员会一万元经费，还饬令广州市政厅将征收半月捐租（后改一月）交中央银行专为罢工费用，并在广东革命政府管辖到的各县征收殷实绅商捐助，拍卖所有没收的英商货物用以支持罢工工人费用。此外，还责成各华商烟草公司拨盈利部分捐助罢工委员会。当时身兼财政委员会委员长的苏兆征，在筹措和管理使用罢工经费上花费大量精力，建树了业绩，这是他对省港大罢工又一重大贡献。

苏兆征经常对人说，财政工作是一项十分重要的工作，搞好这项工作，实际上掌握了罢工的经济命脉。因此，他在主管财政工作的过程中认真负责、一丝不苟。据当时在会计部工作的同事回忆：苏兆征在财政问题上，不但身体力行，而且要求会计部的工作人员一定要把各项账目处理得分毫不差，严格实行财经制度和纪律，说这是关系到十几万名罢工工人的衣食住

---

① 邓中夏：《中国职工运动简史》，载《邓中夏全集》（下），人民出版社2014年版，第1534页。

行，影响到罢工斗争成败的大问题，千万不能掉以轻心。他定期在罢工工人代表大会上公布账目，还印制账目专刊，送各工会团体审查，接受工人代表的监督。1925年7月28日，在省港罢工工人代表第五次大会上，苏兆征作财政报告如下："7月25日前存银五千零三元七毫八仙；至27日共进银二万三千四百二十六元三毫八仙；至27日共支银一万九千六百六十四元六毫四仙，比对存银三千七百六十一元七毫四仙。"1926年3月31日，苏兆征在省港罢工工人代表大会第一百次会议上报告罢

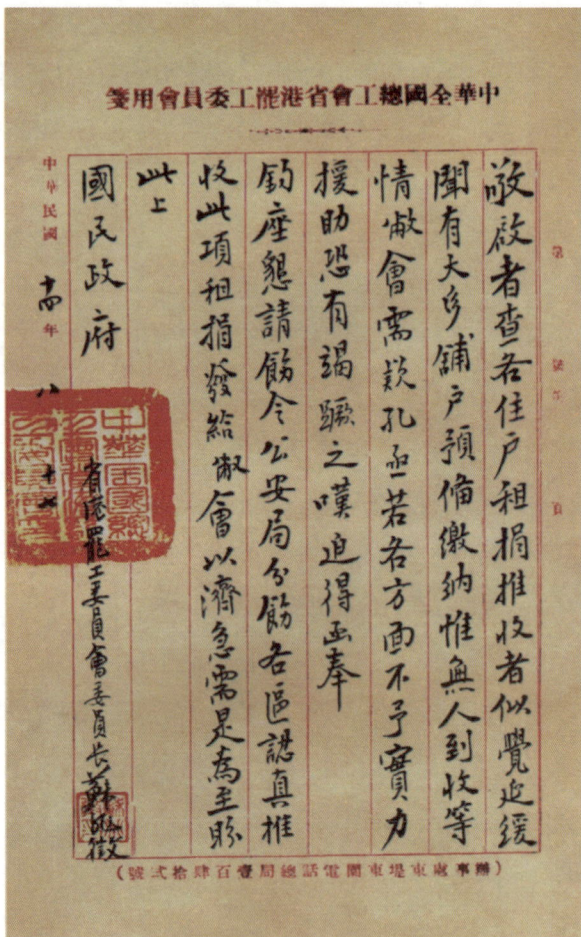

苏兆征请国民政府饬令公安局催收租捐以接济罢工函

工的财政收支状况，"计此次罢工共收有290余万，华侨占190多万，内地有六七十万，总共支出280多万，现在尚有余存"。[①]代表们一致表示满意。

根据邓中夏在《中国职工运动简史》中所记，从1925年6月罢工开始直到1926年6月，罢工委员会收到国内捐款25万元，海外华侨捐款113万元，租捐以及政府收到各方捐款280万元，殷实富绅捐款2万元。拍卖英货40万

---

① 省港罢工委员会宣传部编：《省港罢工工人代表大会第100次纪念刊》（1926年印），载《苏兆征文集》，人民出版社2013年版，第49页。

元，罚款20万元，其他20万元，共500万元。①罢工委员会财政收支数额不小，每天动辄进出数万元，甚至是数十万元。在苏兆征的言传身教下，会计部的全体工作人员勤勤恳恳、同心同德，有条不紊地工作，财政收支账目清楚。

国民党右派及其成立控制下的工会，对于省港罢工及其领导机构、领导人诸多责难，且想方设法逼走苏兆征或消减罢工委员会的权力权威。针对苏兆征主管罢工财政工作，敌人制造种种流言蜚语中伤他，说什么"苏兆征肥了"。工贼梁子光一伙也捏造事实，诬蔑苏兆征接受商人贿赂，企图将苏兆征赶走。但是他平日廉洁奉公，坚持原则，且定期向罢工工人报告收支账目，接受工人代表的监督。因此，广大罢工工人始终信任他，把他视为完全可以信赖的知心人和当家人。1926年11月6日，东园不幸着火，导致罢工委员会所在的房屋被烧毁，放在办公室的会计部账册不见了。事件发生后，有人别有用心污蔑苏兆征和会计部的工作人员贪污，故意放火毁灭证据。一时间，谣言四起，有些工友被迷惑，甚至开始怀疑苏兆征和会计部的工作人员。苏兆征了解情况后镇定自如，指示大家要保持沉着冷静，继续坚持本职工作。他发动工作人员四处寻找账册（保险柜），找到后，苏兆征又提出，成立清账委员会，清点账目，仔细核对。清查结果，所有账目一清二楚、分毫不差。"这样一来，反革命制造的火烧东园阴谋事件彻底破产了，苏兆征同志在群众中的威信也就更高了。"②

邓中夏对苏兆征在理财方面的才干和廉洁有过评述："兆征一生都身兼财政，在海员工会中，在省港罢工中，以至于后来在共产党的中央中，都是如此。在海员工会他管财政，每月必开会报告账目一次，收据一总拿来听凭到会者查阅；并将账目在会刊上按月登载。在省港罢工时，两日向代表大会报告账目一次，又发行账目专刊，送各工会审阅。省港罢工委员会每日进出

---

① 邓中夏：《中国职工运动简史》，载《邓中夏全集》（下），人民出版社2014年版，第1542页。
② 刘达潮：《广东海员的战斗历程》，载《广东党史资料》第2辑。

动辄数万元，有时甚至数十万元，若不如此，何以能招大信。"①这段话不仅说明苏兆征坚持财政民主、财政公开，自身则一生廉洁自守，绝不收受私财，而且表明他是位理财能手。

4. 组织罢工工人支援东征和南路作战

1925年10月，在中共的倡议和支持下，广州国民政府决定第二次东征。汇聚在省城广州的罢工工人主动配合，发挥了巨大作用。省港罢工工人纷纷要求亲临前线，"以扫除革命障碍，而助革命政府之进军"。苏兆征不辞劳苦，亲自组织了一支3000多人的运输队，1000多人的宣传队、救护队、慰劳队，帮助东征部队运送军火、粮食等物资，开展宣传和救护伤员等工作。共有5000多名罢工工人和纠察队员到东征前线支援，其中近百人牺牲，受伤或生病的有数百人。

在南路，军阀邓本殷乘广州国民政府东征之际出兵偷袭、企图威胁广州，以解东江陈炯明之围。为此，广州国民政府在10月下旬挥师南征。苏兆征又组织省港罢工工人成立了运输队、宣传队等随军出征，不少原籍广东南路各县的罢工工人参加，担任向导并对沿途群众进行宣传，"沿途分为7队，四处宣传演讲，大受群众欢迎"。②他们用乡音宣传让本地群众感到亲切，因而对部队南征各项工作都起到很大帮助作用，国民革命军一举歼灭邓本殷军队。对于省港罢工工人和广大工农群众对东征和南路作战的支援，曾任东征总指挥的蒋介石也承认，"两次东征及南路作战，工人农民都以实力来帮助""没有工农的帮助，革命军决不能成功这样快"。③

5. 支援国民革命军北伐

1926年7月4日，在广州，国民党中央临时全体会议通过《国民革命军北伐宣言》，陈述了进行北伐推翻北洋政府的理由。9日，蒋中正就职国民革命军总司令并誓师北伐。

---

① 邓中夏：《苏兆征同志传》，载《邓中夏全集》（下），人民出版社2014年版，第1328页。
② 《工人之路特号》第133期（1925年11月7日）。
③ 蒋介石在第三次全国劳动大会上的讲话（1926年5月）。

早在6月29日召开的第127期罢工代表大会上，苏兆征作政治报告讲道："我们为达到罢工胜利，便要拥护国民政府出师北伐，我们应当踊跃应募，组织运输队帮助国民革命军肃清吴佩孚及一切反动派，统一全中国。"同日，《工人之路特号》报道：闻海员工会已组织北伐运输队，不上一刻，就有几百人报名，争先恐后。①苏兆征、邓中夏等罢工委员会负责人进行了深入细致的工作，动员组织了运输队、宣传队、卫生队随师北伐，特别是3000余名省港罢工工人参加了运输队，支援北伐军的弹药搬运、担架运输等后勤工作，"湘粤之交，为五岭山脉，崇山峻岭，道路异

苏兆征题词

常险阻，又兼湿暑炎蒸，罢工工人重担渡岭，其困苦可知，也就因此，罢工工人病者好几百人"。为国民革命军取得北伐的胜利做出了贡献。北伐军得罢工工人帮助，出师异常迅速，8月收复全湘，9月直抵武汉，中国革命得到空前发展。②

6. 争取各方支持

省港大罢工，在对外斗争策略及与民族资本家关系方面均有一个明显的转变过程。不难看出，转变的压力来自广州国民政府和广州商人。苏兆征领导罢工工作中的一个重点，就是争取国民党及所领导的国民政府和广州商人的支持，并及时调整罢工策略。

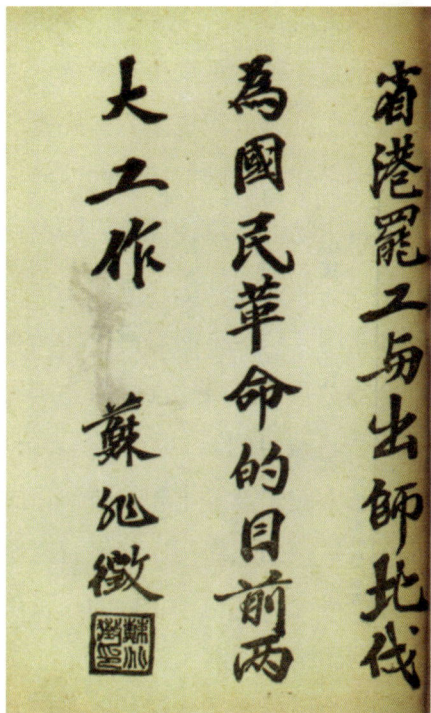

① 《工人之路特号》第363期（1926年6月30日），载《苏兆征研究史料》第252~253页。
② 邓中夏：《中国职工运动简史》，载《邓中夏全集》(下)，人民出版社2014年版，第1548页。

加强与国民党的合作，共同反对帝国主义和封建军阀，是苏兆征和罢工委员会正确运用反帝革命统一战线策略的又一重要举措。早在罢工筹备阶段，苏兆征等就积极争取国民党的帮助，加强与国民政府和国民党左派力量的密切合作，还聘请了廖仲恺等作为罢工委员会的顾问。苏兆征等罢工领导人经常主动地与廖仲恺等人磋商，在一些重大决策和活动上也积极征询他们的意见；同时，罢工委员会也积极支持国民党左派，帮助他们发展壮大以巩固其在国民政府中的地位。1925年8月7日，苏兆征发表了题为《肃清内奸》的文章，旨在打破反动势力、国民党右派与香港英帝国主义势力策划的反革命叛乱。8月11日，罢工工人约十万人参加了示威游行，而后在中共和广大罢工工人的强烈要求和支持下，国民党左派与苏俄顾问联手将与"刺廖案"有重大嫌疑的胡汉民、许崇智驱逐出广东，国民政府遂转危为安。正是由于苏兆征等坚定地执行正确的反帝革命统一战线策略，非常重视与广东各阶层人士的团结，省港大罢工才能持续这么长的时间。

作为国民党老党员的苏兆征并没有进入国民党的政治核心，也无缘参加国民党一大和二大，他所代表的是中国共产党的立场、工人阶级的利益，同时，也清楚地知道国民党一心要把工人阶级的斗争完全纳入其所铺设的国民革命轨道的意图。在1926年1月3日以省港罢工委员会名义、偕同全国总工会一起举行的欢迎国民党二大代表会议上，苏兆征坦言："此次国民党第二次代表大会，意义甚为重大，必能继续孙总理一切对外对内政策，继续努力，使中国国民革命更得重大之发展，以底于成功。"他讲道："国民党是由各阶级集合而成的，工人也在其内。工人中虽有许多不是国民党员，但对于国民革命，是非常表同情的。"他希望国民党二大代表"联合革命的分子，联合共产党，唤起民众，拥护工人利益，拥护省港罢工胜利"。①苏兆征组织领导的省港大罢工，首先是在中共领导下或公开或秘密地推动，其次是得到

---

① 《工人之路特号》第195期（1926年1月8日），载《苏兆征研究史料》，广东人民出版社1985年版，第18页。

国民党左派的扶持，再次是它又受到国民党右派的钳制，最后是备受英国为首的帝国主义势力打压。如何在各种力量的影响下脱围而出，找到能够加速省港罢工进程的工作方法，这是苏兆征的努力方向和工作追求。虽然，1925年8月作为国民党内最拥护孙中山理念的廖仲恺遇刺身亡，国民政府失去了坚定支持省港罢工的领导核心，但在以"左派"面孔出现的汪精卫执掌广州国民政府期间，省港罢工仍得以平稳运行。

7. 实施"单独对英""工商联合"斗争策略

在省港大罢工时期，香港的英商资本家与省港工人之间形成了对抗性的关系，英国在港资本家利益受到严重的打击，这对中国资本家而言，是发展民族经济的良好时机。罢工初期，中国资本家不但不阻挠英资省港企业工人的斗争，甚至亲自组织工人举行各种反对英商的游行示威。

在罢工初期，罢工委员会提出"反对一切帝国主义"的口号，限制与英美等国贸易，导致广东的贸易活动大幅萎缩，民族资产阶级经济利益受损，对省港罢工的态度也日趋冷淡，甚至持对立态度。经济受挫、税收减少，广东政府对此也有意见。有鉴于此，苏兆征主动与广州有关工商界人士联系，向他们大力宣传有关反帝罢工的意义，同时认真听取意见，及时采取措施，保障工商界利益，以调动他们联合反帝的积极性。苏兆征和邓中夏等领导人深深体会到：为了取得这次反帝罢工斗争的胜利，除了依靠本身具有坚强的组织领导和广大罢工工人不断发扬不屈不挠的斗争精神外，还有赖于正确掌握和运用斗争策略。显然，罢工初期所提出的"反对一切帝国主义"的口号是不正确的，实施之前缺乏周密的考虑，因此必须及时改正过来。苏兆征很快进行变通，尽力争取广东商人对罢工的支持。

在1925年8月1日召开的罢工工人第七次代表大会上，由廖仲恺以提议方式，正式将"特许证"制度提出，同时代表国民政府对此表示支持实行。此提议得到大会一致通过。在取得廖仲恺支持之后，8月中旬，苏兆征主持召开包括省城工商界人士在内的各界招待会，决定"单独对英"。罢工委员会宣布："在香港澳门的任何货物，都不准来广东；从广东去的无论任何国家的货物，均不准往香港澳门；凡是英国轮船，及经过香港澳门之任何国籍船只，均不准来广东内地起卸货物；凡不是英货，不是英船及不经过香港澳门的，均可自由起卸；广东境内只要不是英国货英国船，均可自由贸易及来往；同存在广州之货，只要不是英国货而且不是英国人的，均可开仓发卖。"斗争策略的转变马上产生了效果。这一新制实行后，外国轮船公司纷纷向罢工委员会提出申请，请求允许与广州直接通航，原住在沙面的外国商人申请迁出沙面到市区营业，设在香港的外国公司也要求允准到广州营业。报载："至11月间，由香港或沙面迁入广州市区营业的外籍商行，共有80多间。广州西堤至沙基一带不少店铺房屋门口，都张贴有某某洋行迁此的字条。各地轮船公司也纷纷与广州直接通航。当时广州每日都有四五十艘船入口，为广州过去所有过的现象。"邓中夏也认为，"单独对英"具有重要的意义，且视为罢工的"中心策略"："这一个'凡不是英国货英国船及经过香港者，可准其直来广州'之原则，是省港罢工的中心策略，真的，在这个中心策略之下，解除广东经济的困难，保持广东商人的中立，拆散帝国主义的联合战线，最后还促进广东经济的独立发展，使这个伟大的罢工，得以坚持如此长久的岁月，就是由于这个中心策略之正确。"①广东商会因这一问题的解决，还专门宴请了省港罢工委员会一次。这样，就形成了工人阶级和资产阶级的反帝联合阵线。②

1925年8月14日，苏兆征代表罢工委员会主持召开广东军政商学各界招待会，介绍省港罢工斗争的意义和罢工斗争进行情况，吁请各界支持罢工。他强调说："我省港工人为争国家的生存、民族的生存，奋然不顾牺牲一切，联合罢工对付帝国主义，这并不是为本身的利益加薪减时而奋斗。帝国主义的凶焰，还一天一天地高起来，那么我们的抵抗力量，也自应益发强厉，才不至于功亏一篑，贻敌人以五分钟热度的笑话。"

---

① 邓中夏：《中国职工运动简史》，载《邓中夏全集》（下），人民出版社2014年版，第1539页。
② 黄平：《回忆省港大罢工》，载《党史资料》丛刊总第二辑，上海人民出版社1980年版。

为更好地团结民族资产阶级，罢工委员会在1925年8月底又主动取消特许证，提出了"工商联合""工商携手"的口号。广州工商界十分感动，表示此次罢工"为人民自动，出于爱国运动，争回国体与人格，各工友如此牺牲热烈，我等商人亦应联合一致热烈援助，务求达到香港完全承认复工条件为目的"。①

在这一阶段，中国共产党自身力量薄弱，党员人数少且分布散，工人阶级力量庞大但尚未统一起来，农民阶级尚在动员之中，实际上多数未投身政治斗争，因此有效利用国民党的政治资源，争取其支持，是中国共产党实现壮大发展目标的较优选择。无论出于党的自身建设和壮大的考虑，还是出于工人运动本身的需要，争取中国资产阶级的支持是工人阶级将罢工推向高潮的重要条件。阶级诉求和政治立场的逻辑本身，要求改善在全中国人民的斗争中日益成为政治力量的工人阶级的政治经济和社会境遇。中国共产党强调指出："在长期的民族争斗中时时拥护最被帝国主义仇视压迫的工人群众之利益，勿中帝国主义的离间政策，使最忠于民族利益的工人阶级有任何不堪之危险，而民族解放运动亦因此而遭铩羽不振之打击。"②

由于接连受到港英政府方面的施压，中国资产阶级这一省港罢工的同盟者责任弱化了，企图通过省港罢工运动获得更大利益的期待也渐被消极的明哲保身和自私自利所取代。看着省港罢工运动将中国共产党和国民党左派从经济上、政治上削弱华南地区英国帝国主义势力的愿望实现了，而广东资本主义经济却没有因此而立刻巩固起来，民族资本家并没有因此而获得即时的直接利益，他们在省港大罢工初期表现出的支持罢工热情也悄然熄灭。

省港大罢工期间，广东商人群体支持罢工工人的表象，让苏兆征以为罢工使各阶层充分团结在一起对抗英帝国主义。其实，省港大罢工中，民族因素在阶级因素之上只是短暂的。参与省港大罢工的工人群体被吸引参加民族

---

① 邓中夏:《中国职工运动简史》，载《邓中夏全集》(下)，人民出版社2014年版，第1541页。
② 《中国共产党为反抗帝国主义野蛮残暴的大屠杀告全国民众》，载《第一次国内革命战争时期的工人运动》，人民出版社1963年版，第91~92页。

解放斗争在先，而后逐渐形成了阶级觉悟。

广东是著名的侨乡，争取海外华侨对罢工的支持也是苏兆征的一项重要工作。罢工期间，苏兆征等人十分重视做好华侨的统一战线工作，主动邀请海外华侨返回广州参观访问，并向其宣传介绍此次反帝斗争的政治意义及正义性，积极争取华侨从经济等方面给予省港罢工以援助。[①]孙中山夫人宋庆龄自罢工开始便到处募捐。光是海外华侨的捐款经她募捐汇往广州的就达1万美元以上。在她回广州时，省港罢工委员会委员长苏兆征率领一个代表团专门前去向她致谢。除了财政支持之外，孙中山夫人的名字也提高了这次罢工的政治声誉。

广大农民群众亦是反帝斗争的重要联盟。罢工期间，苏兆征等帮助农民成立农会，组织农民建立自卫军，并多次到农村宣传罢工政策，开展农民运动，形成了密切的"工农联合"，各地农民积极响应，有效地协助了对香港的封锁。但到了罢工后期，靠近香港的宝安县农民因为农作物卖不出去，而不愿意遵守封锁香港规定，与纠察队发生冲突。[②]

在一年多的罢工进程中，苏兆征的工作重心也在变化之中。第一个转变，体现在从省港罢工委员会的工作中抽出时间和精力去做香港海员工会工作。罢工进行到1926年初，看不到复工希望以及本来并非自愿罢工、在广州的香港海员工人，暗地里回到香港复工。苏兆征将此问题归咎于"香港海员工会的散漫"。1926年1月3日，苏兆征召集2000余名代表召开的海员工会改组大会中有一项内容就是针对此事。苏兆征向海员代表们重申罢工的诉求："提高工资；取得雇工介绍权；规定八小时工作制；反对一切虐待；规定伤亡抚恤条例。"其目的是希望各海员工会明白：团结罢工、未来光明。至于苏兆征反复强调的"打倒一切帮口界限之见，中华海员大联合"的主

---

① 1926年3月底，苏兆征在报告罢工以来的财政收支情况时说："此次罢工共收入二百九十余万，华侨占一百九十多万。"见苏兆征：《省港罢工经过报告》，《苏兆征文集》，人民出版社2013年版，第49页。

② 邓中夏：《中国职工运动简史》，载《邓中夏全集》（下），人民出版社2014年版，第1553页。

张，则更为明显地希望各工会能够团结一致罢工，杜绝个别海员不听指挥，私自复工。自从香港方面于1月25日宣布停止解决省港罢工问题，苏兆征的工作内容更多是在重组香港工会组织。

第二个转变，是苏兆征努力扶持省港罢工运动衍生出来的工人培训机构，整合罢工组织，并将省港罢工组织逐渐演化为为国民革命服务的机构。

1926年1月25日，苏兆征发起组建并任主席的黄埔商埠会，在宣布成立之后，就以"本人事务纷多，不能担任（黄埔商埠会）正委员长"为由，放弃了自己在黄埔商埠会的领导权，将其交还国民政府。当天，苏兆征和汪精卫、谭平山等人发起组建中国济难会广东总会。

2月28日，苏兆征在纠察队委员会训育员全体大会的训话中明确指出："各同志各工友知道纠察队，明了自身责任与地位，我们要有（纠察队）严密的组织，服务于国民革命。我们须认清敌人就是一般奸商、土豪。"纠察队性质的转变只是整个省港罢工组织功能转变的开端。3月，苏兆征开始组建香港运输业联合会。苏兆征继续组建了在工人群体中宣传国民革命和北伐行动的宣传学校，并担任学校名誉副校长。3月底，苏兆征又组建了"为谋本身利益，加紧参加革命起见"的省港青年工人组织。苏兆征让该组织将苏联共产主义青年团的团歌《少年先锋歌》作为青年工人会的会歌，意味深远。就连在省港罢工工人代表百期纪念大会上，苏兆征号召工人们呼喊的口号也不再是"罢工万岁"，而是"打倒军阀"。10月12日，苏兆征还在忙着筹建广州洋务劳动童子团。

1926年6月19日，省港罢工工人5万多人隆重集会纪念罢工一周年。苏兆征在会上讲话，总结一年来罢工斗争的成效与经验。他列举出的成绩有："自省港罢工后，革命势力膨胀了，国民政府成立了，并且扫平了东江，收复了南路，统一了广东。孙总理生前在广东所渴望的军民财政统一，现在均已实现。"他还提到，"省港工人学生反帝国主义运动一周年以来，所得胜利至为伟大，英帝国主义者受重大打击，现今损失已达十四亿元。中国国际地位亦因之提高，但我们工友自罢工以来，奋斗而牺牲者亦已甚多。他们是为死难同胞复仇，是为全民族求生存而光荣牺牲的"。他希望，各界与省港工友学生一致联合，当罢工的后盾，达到最后胜利之目的。苏兆征代表罢工工人提出口号："打倒军阀，打倒帝国主义"，这与北伐战争提的口号"打倒列强，除军阀"是相一致的。

四、结束罢工

邓中夏回忆，本来罢工委员会有好几次准备结束罢工，一是1925年8月廖仲恺被刺前后，曾一度有所准备，但因香港英帝国主义一时还不愿意解决，同时还因东征南征需要罢工封锁香港而作罢；二是1926年1月国民党二大前后，但为预防国民党右派的叛逆行为发生又作罢；三是1926年5月第三次全国劳动大会召开前后，需要出师北伐准备收束，但港英当局置之不理，遂又作罢。

广州国民政府成立国民革命军从广东起兵北伐，并连克长沙、武汉等地，广东乃至全国的形势发生了重大的变化。北伐战争开始之前，广东是全国革命的重心，省港大罢工为中外所瞩目。随着北伐战争不断推进，由广东出发北伐的国民革命军取得节节胜利，革命重心向武汉地区转移，省港大罢工也成为次要的局部问题。中共广东区委和省港罢工委员会经过认真的讨论研究，认为省港大罢工已经完成了历史使命，已经没有必要再继续坚持原来的武装封锁的方式，应该改变斗争方式，实行新的斗争策略，变局部的奋斗为全国奋斗。

在罢工工人本身，由于长期进行罢工封锁斗争，疲于应对，劳累不堪，生活也十分困苦。罢工期间，罢工工人纠察队在执行封锁任务，支援广东革命战争以及北伐战争等斗争中不幸牺牲的，计有800多人。在香港，港英当局为了应付罢工工人长期坚持罢工封锁而带来的困难局面，后来陆续从东南亚一带招募了大批工人迁往香港做工，以维持企业的日常生产。因此，相对地说，如罢工封锁再继续坚持下去，对其直接威胁打击已不如罢工初期那样起作用了。省港大罢工的持续时间过长，也严重影响到广东政府的财政收入；省港罢工委员会权力过大，工人纠察队成为执法队伍代替政府部门的职能，广东政府官员也颇有微词。海边的农民对于封禁出海而致农产品卖不出也有意见，不时与纠察队发生冲突。①及时结束罢工，转而支持北伐，得到了各方的认同。

1926年9月30日，苏兆征主持召开了罢工工人代表大会第166次会议，一致通过变更罢工政策、结束封锁的决议。10月10日，苏兆征代表省港罢工委员会正式宣布，从即日起停止封锁香港和结束罢工的决定。当天，广州各界群众30多万人集会，苏兆征在大会上代表省港罢工委员会发布关于停止罢工封锁、实行反英新策略的宣言：“在十五个月中，我们没有对敌人妥协，我们为正义而团结奋斗，所以我们能够给帝国主义永远不会忘记的教训”，“我们决定于10月10日12时起自动将各海口的纠察一律撤回，而愿与各界同胞一致进行新的总斗争。我们一方面依然强固我们的力量，另一方面联合全国各界人民反对帝国主义的野蛮政策及争得中国的自由独立”。最后，他还强调：“英国炮舰政策一日不改变，五卅、六二三惨案一日不申雪，不平等条约一日不废除，则吾等之使命一日未尽，而反帝国主义之运动一日不停止。”

罢工委员会提出，在关税上附加二五税，以此作为收束罢工之用。每一位罢工工人先领100元到各自找工作，六个月后如找不到工作可以回广州由罢工委员会供其食宿。10月11日，在海关附近另建二五附加税征收机关，由政府与罢工委员会共同组织，开始征收。②

苏兆征、邓中夏、杨殷等共产党人组织和发动了省港大罢工，此次罢工在经济上、政治上给英帝国主义以沉重打击，显示了中国工人阶级的伟大力量和奋斗精神。这次大罢工有效地打击了帝国主义，将平日繁华热闹的香港变成了“死港”“臭港”“饿港”，成为中国乃至世界工运史上最浓重最成功的一笔，对巩固广东革命根据地和准备北伐战争，起了巨大作用。省港大

---

① 邓中夏：《中国职工运动简史》，载《邓中夏全集》（下），人民出版社2014年版，第1553页。
② 邓中夏：《中国职工运动简史》，载《邓中夏全集》（下），人民出版社2014年版，第1553页。

罢工领导之坚强、组织之缜密，规模之巨大、持续时间之长，影响之深远，书写了中华民族解放运动史上可歌可泣的一页，成为世界工运史上罕见的壮举。这次罢工主要领导人之一的苏兆征，对这次反帝斗争做出了杰出的贡献。回望大革命时期的工农运动，此次省港大罢工可以说是形成了高潮。近20万工人参与其中，持续近16个月，确实是空前绝后。

在中共领导下，苏兆征等共产党人组织发动省港大罢工的重大意义，就在于他们把中国工人阶级引向革命的道路，推动一大批优秀的工人加入中国共产党队伍中，壮大中国工人阶级先锋队力量。正如亲身参与罢工组织指挥工作的黄平在回忆苏兆征的文章中，对省港大罢工这一重要意义看得尤为透彻：兆征和伟民两同志以二人之力在党的领导下把我国第一个大工会即海员工会带到赤色工会方面来，成为中华全国总工会的有力支柱，并不顾帝国主义的迫害加入赤色职工国际，又以海员工会为先锋，带动香港工人起来罢工抗议五卅惨案。在这次罢工中，使20余万工人认识了国民党和共产党的阶级区别，信任共产党的领导，其中的优秀分子纷纷加入共产党。在广州四一五反革命屠杀之后，省港罢工工人仍然在共产党领导下继续反帝反国民党右派的斗争，直到武装起义。"这是兆征和伟民两同志对党、对革命不朽的功迹，在历史上写上了光辉的一页。"①当国共两党共同致力于工人运动、争取工人之时，作为共产党骨干党员的苏兆征将队伍奋力带动并推到了共产党阵营里来，居功至伟。应该说，黄平对省港大罢工的真正意义及其实质，看得尤为透彻。香港罢工工人回省之初，党团员数量不多，区委和区团委为在罢工工人群众中发展党和团的组织，经党中委罗亦农同志的建议，采取公开

---

① 黄平：《苏兆征同志》，载《苏兆征研究史料》，广东人民出版社1985年版，第424页。黄平还回忆道："罢工前，左派力量很薄弱，广东总工会、机器工会等右派势力很大。罢工之后，二十万工人站到我们这边，我们力量大大增加了，无论什么示威运动，罢工工人总是跑到前头，一示威就十几万人参加。"见黄平：《回忆省港大罢工》，载《党史资料》丛刊总第二辑，上海人民出版社1980年版。

宣传，大批吸收党团员的办法。①中国共产党党员的人数也是在省港大罢工期间得到了大量发展，广东的党员人数也是全国最多，党的力量得到了空前的发展。这与苏兆征领导指挥省港罢工、大力发展工人党员密切相关。据参加罢工的海员工人回忆：罢工期间，党在海员中吸收了一批积极分子入党，成立了海员党支部。在罢工期间入党的海员，有陈郁、陈权、冯燊、林锵云、邓发、何来、陈春霖、周福、黄养、陈剑夫等人，②他们成为革命队伍中的骨干。

省港大罢工对工人队伍加入中国共产党助力甚大。1922年6月底，工人党员仅有21人，至1923年6月则激增至164人；1923年上半年加入中国共产党的共约200人，其中工人有130人。③ 至1927年3月，工人党员已占总数的53.8%。④这表明，中共在革命实践中逐步跨出最初的知识分子群体，进而增强和扩大了阶级基础。

从大的方面讲，省港大罢工充分显示了中国工人阶级的伟大力量，在政治上、经济上给英帝国主义以沉重打击，并有力地支持了广东革命政府，促进了广东革命根据地的统一和巩固发展，为北伐战争准备了群众基础。从这意义上说，苏兆征对中国革命的贡献是巨大的。

省港大罢工持续了一年零四个月之久。在此期间，罢工斗争形势错综复杂、千头万绪，苏兆征夜以继日地工作。大到商议罢工策略、筹措罢工经费，小到罢工工人的住宿穿衣、一粥一饭，乃至工人子弟的教育安置，他都亲自过问，耗尽心力。他时时嘱咐工作人员说："我们应该十分重视安排好工友们的生活问题。只有工友们生活上无后顾之忧，情绪饱满，也就能够斗

---

① 赖先声：《在广东大革命的洪流中》，载《广州大革命时期回忆录选编》，广东人民出版社1986年版，第39页。

② 刘达潮：《回忆苏兆征同志》，载《苏兆征研究史料》，广东人民出版社1985年版，第413页。

③ 中国社会科学院现代史研究室、中国革命博物馆党史研究室选编：《"二大"和"三大"——中国共产党第二、三次代表大会资料选编》，中国社会科学出版社1985年版，第56、169页。

④ 中共中央党史研究室第一研究部编：《共产国际、联共（布）与中国革命档案资料丛书》第5卷，北京图书馆出版社1998年版，第360页。

志旺盛地与帝国主义作斗争。要是这些事情办不好，反过来就会给帝国主义者以可乘之机，使罢工斗争招致不必要的损失。"

苏兆征在省港大罢工中为组织发动、指挥协调罢工斗争呕心沥血。在省港大罢工期间，苏兆征被选为罢工委员会委员长，任劳任怨，克己勤勉，罢工开始的两三个月，从早上六点到半夜十二点是无片刻闲暇，而党团必到十二点之后才能开会，往往开到凌晨两三点甚至到天亮。苏兆征是每事必躬亲处理，往往人都散了，他还在灯下办公。同时，与政府接头，与各社会团体接头，参加群众大会以及各种会议……这个罢工委员会委员长，赢得了省港罢工工人乃至全国工人阶级的信任。

苏兆征在个人生活上，一直都十分简朴。据苏兆征的侄女苏河英回忆，苏兆征平时生活很艰苦，穿着朴素。他身上穿的那套衣服，常洗得干干净净；衣服烂了就补，舍不得丢掉。省港大罢工期间，苏兆征一家人从香港回到广州，住在市内榨粉街的一间小屋子里。由于家里的经济并不宽裕，每隔一段时间，妻子钟荣胜便会回家乡淇澳岛，带一些咸鱼、杂粮等农副产品，来补贴家里的饮食。

中共广东区委书记陈延年曾在与人交谈中谈到，在工人党员中，最敬重苏兆征同志，称赞他"党性很强，工作很踏实，能任劳任怨，不辞劳苦的极优秀的好工人领袖"。[1]

以苏兆征为直接领导者的省港大罢工，在筹备阶段已经被中国共产党纳入党的工人运动范畴。与香港海员罢工最大的区别是：苏兆征已经加入了中国共产党，进而被党直接赋予组织发动香港各工会参与罢工重任。由于所要发动的省港罢工范围，由海员工人群体扩大至香港数十个工会组织所管辖的各色工人群体以及省城的工人群体，这些群体的利益诉求不尽相同，很难以一个完善的罢工方案实现所有工人群体的共同利益诉求。发生在国共合作时

[1] 赖玉润（赖先声）：《在广东革命洪流中》，载《广东党史资料》第一辑，广东人民出版社 1983 年版，第 151 页。

期的广东，省港大罢工这一庞大的工人运动，掺杂着更为复杂的三方利益诉求：服务于国民党国民革命的诉求，服从于中国共产党工人阶级统一战线、进行工人运动的诉求，省港工人最直接的提高工资收入和争取民族平等的诉求。三方的合力促成了省港罢工的爆发，三方力量也在省港罢工过程中各展其能，最后还是由共产党对省港罢工完全掌控。苏兆征既能自始至终地坚定贯彻落实共产党对省港大罢工的统一领导，又能得到国民政府的支持，同时也做到了最大程度地照顾省港工人的集体利益。

苏兆征领导的省港罢工委员会类于一种新的政权形式，为工人阶级提供了执掌政权的实践，它虽然是在国共合作的土壤中培育出来的，也是国共合作的一种重要体现，但同时这个"东园政府"创新模式也给当时主宰广东的政治势力国民党造成了冲击，引起国民党右派的忌惮，尤其是1925年8月廖仲恺遇刺身亡，间接导致苏兆征等共产党人在省港罢工中掌控更多的支配权力和获得更大范围的影响力。这一点是中国共产党、国民党以及苏兆征都所未料及的。国民党右派及所掌控的黄色工会则对此十分警惕，他们采取多种不正当手段阻挠以苏兆征为代表的共产党员取得革命领导权的努力，对省港罢工委员会的"东园政府"模式提出了严峻的挑战。蒋介石在其所发动的"三二〇（中山舰）事件"中也派兵包围东园，收缴工人纠察队的武器，可见他对共产党掌握的省港罢工委员会和工人纠察队的忌惮。[1]

面对多元的工人运动方向的选择，组织领导省港罢工运动的经历，让苏兆征坚定了自身的政治定位，更加明确在大革命洪流中何去何从，那就是身为共产党的一员更加坚定地与党一起为工人阶级利益而奋斗。

---

[1]　邓中夏在《中国职工运动简史》中回忆起蒋介石策划的"三二〇中山舰事件"，尤为愤慨不已。在他的记述中，表达了一层深痛的感悟：发动工人运动，希望像苏联一样先在城市之中夺取政权。如果说这条道路有成功的可能性，最好的机会莫过于是在省港大罢工期间，当时以蒋介石为首的国民党右派羽翼未丰，如果把罢工工人发展成武装部队，结合迅速发展的农民运动和黄埔师生军中的革命势力，一举夺取军事领导权，则有望改写中国革命史。然而在当时陈独秀右倾的领导下，在大好形势中一步步向蒋退让，放弃武装领导权，终于在1927年夏天致使大革命完全失败。

第五章

指挥全国工人运动

一、统一省港工会组织

二、当选"全总"委员长

三、出任劳工部长

四、主持太平洋劳动会议

五、主持第四次全国劳大

由于北伐战争的胜利进行，国民革命军势力发展到长江以北。1926年底，国民政府决定从广州迁往武汉办公。不久，中华全国总工会亦从广州迁到武汉。1927年3月，国民党二届三中全会通过《统一革命势力决议案》，国民政府很快增设农政、劳工两部，苏兆征以中共党员的身份担任劳工部长。

1927年，注定是中国历史上不平凡的一年。先是蒋介石在上海发动四一二政变，李济深等在广州发动四一五政变，继而汪精卫在武汉发动七一五政变，大肆逮捕、屠杀中共党员和工农运动革命骨干。国共合作全面破裂，革命形势急剧恶化。大浪淘沙。在这个中国革命大转折年份，苏兆征表现出一个共产党人的铮铮铁骨、革命家的风范，坚定地为中国革命事业、为共产主义而奋斗。

苏兆征出席1927年4—5月在武汉召开的党的五大，当选为中央政治局候补委员。会后，他与刘少奇、李立三主持召开了第四次全国劳动大会，再次当选为中华全国总工会委员长，他对国民党新军阀屠杀共产党员和革命群众、摧残工会的罪行提出强烈抗议，明确宣布："无论付出多大牺牲，中国无产阶级将坚持斗争到底！"1927年7月，汪精卫叛变革命。苏兆征猛烈抨击汪精卫的无耻行径，并与武汉国民政府农政部长谭平山愤然退出武汉国民政府，其凛然风骨彰显无遗。

一、统一省港工会组织

第二次全国劳动大会上香港工人组织代表的表现及省港罢工的体验，使苏兆征强烈意识到，必须通过加强香港工会组织建设进而增进内部团结，提高香港工会的战斗力，为中国共产党的革命斗争而奋斗。在以广州为基地领导省港罢工的同时，苏兆征高度关注香港工会及广州工会组织存在问题，如香港工会"组织之方法，多不合于工会组织之原理，同一职业或产业而有数个分离之组织，各不相谋，同在港地而有数个之总组织，尚有数十个工会组织并无加入数组织者"。广州和香港的工会组织均存在严重的门派分歧，组织涣散，影响了工人阶级之间的团结、削弱了工人阶级的力量。为团结香港工会组织，凝聚起香港工人的力量，让他们团结一致为中国工人运动和革命事业而共同奋斗，苏兆征、邓中夏、李森等人利用省港罢工香港工会组织负责人多集中在广州的机会，做好他们的思想工作，"团结可能争取的上层工会领袖分子，积极争取基层广大工人群众，打击破坏或把持工会的工贼分子"。

在省港罢工期间，苏兆征等人积极改组中华海员工业联合总会，并在此基础上成立了全国海员总工会。

1926年1月5日，在苏兆征主持下，全国海员第一次代表大会在广州召开，香港、广州、上海、汕头等地120余名海员工人代表参加，苏兆征在会上作了关于中华海员工业联合总会的工作报告和关于打破帮口界限问题的报告。苏兆征在报告中阐述了中华海员工业联合总会的战斗历程，将其分为"组织时期、奋斗时期、守卫时期和进攻时期"四个阶段，强调"我们海员工会虽有进步，但是不能够说工会已经都妥当了。我们的团结力还是不足，因为我们的组织还不是坚固"。[1]他提出，建立健全海员工会的基层组织，将各地支部改为分会，在各条轮船上建立工会的支部，使工会组织更加严密和巩固，提高战斗力。大会一致通过关于政治斗争问题、经济斗争问题、运输业工人联合问题、打破帮口问题等决议案，并通过正式加入赤色职工国际领导下的国际运输工人宣传委员会的议案。与会代表们还一致认为，要摒弃过去工会所实行的家长式的会长制，实行委员制，最高机关就是全国海员代表大会，更好地实行民主集中制，以利于发扬广大海员的积极性和当家做主精神。大会制定新的工会章程，改会长制为委员制。大会还通过由苏兆征等人主持起草的《告全国海员书》。最后经无记名投票，选举苏兆征、林伟民、朱宝庭、何来、陈权等15人为全国海员总工会执行委员会委员，苏兆征

---

① 苏兆征：《中华海员工业联合总会报告——向中国海员第一次代表大会之报告》（1926年1月5日），《苏兆征文集》，人民出版社2013年版，第27~34页。

任执委会委员长兼文书部主任，谭华泽为副委员长，林伟民任宣传部主任，陈权任组织部和调查部主任。①

苏兆征还提出，海员工人中的共产党员成立党支部，作为领导海员工会开展革命活动的核心，引领海员走上革命的道路。

1926年1月，在广州出席全国海员代表大会代表合影

与此同时，苏兆征组织开展香港海员及运输行业等方面工会的统一运动。1926年1月15日，香港海员工会约请香港运输行业各工会代表到海员俱乐部开会，讨论成立香港运输行业工会筹备处等问题。苏兆征在会上提出："共谋团结，组织一个运输总工会组织。"3月19日，香港运输业各工会代表200多人在苏兆征主持下在广州举行代表大会，正式宣告成立香港运输业工会联合会，苏兆征当选为执委会委员长。他在闭幕式上强调指出："我们

① 大革命失败后，总会机关被港英当局封闭，海员总会转入地下坚持斗争。到1933年，有组织的会员仅剩下400人。

回顾此大会经过，通过的决议案，通通是为工人谋利益的，是要打倒帝国主义的。"

统一香港金属业工会组织的工作则在李森的主持下积极进行。3月中旬，由船坞、电器、电车等行业中的机器工人联合组成的机工联合会与华侨机器十科联合筹备成立了金属业统一的工会，4月10日，香港金属业总工会在广州正式成立，苏兆征在成立大会上发表演说，强调指出："工人阶级团结，便是力量团结。联合要由香港一地推至全国，再推至全世界。联合是不要分种族、分地方、分国界的，只是为我们工人阶级求利益。"①4月14日，苏兆征还组织了香港运输业工会联合会与金属业总工会联合举行联欢活动，并发表演说，号召香港工人阶级进一步联合起来，继续向帝国主义进攻，谋取民族解放事业的胜利。4月15日，香港海员工会也与香港金属业总工会代表举行联欢会，苏兆征在会上强调："我们工人阶级要团结一致奋斗，求自身之解放与促进世界革命成功。"

同一天，在苏兆征等人的推动下，香港各工会团体联合召开大会，宣告成立香港总工会，其发表宣言表示："香港总工会成立以后，切实与全国工人阶级联合，加入中华全国总工会，并受其统一的指导，为谋全国工人阶级之解放而奋斗。"苏兆征、邓中夏出席了成立大会，并被聘为顾问。苏兆征还发表了《祝香港总工会成立》的文章，祝贺香港总工会成立、香港工人阶级实现大联合。他在文章中写道："香港总工会之成立，是我们十月来血战所得成绩之一，是十分不容易得来的。香港总工会今日组织成立，无论在工会本身上，与客观革命潮流上，皆觉得十分需要。"他号召工友们，"我们从此要拥护总工会，达到我们解放到底。"②从此，香港工人阶级紧密团结在党领导下的香港总工会周围，成为反抗帝国主义和外国资本家、维护自身权益的强大力量。

---

① 《工人之路特号》1926 年 4 月 11 日。
② 《工人之路特号》1926 年 4 月 15 日。

苏兆征也花了不少精力用在统一广州工会组织的行动上。

广州市的工会组织较为复杂。国民党右派掌控了广东省总工会、机器工会等组织，共产党则直接领导国民党中央工人部下属的广州工人代表会。1926年4月至11月间，由中共广东区委直接领导的广州工人代表会先后举行三次代表大会，争取更多的工会和工人会员团结在"广州工代会"周围。作为广东区委职工委员会的负责人，苏兆征十分重视和关心广州工人阶级的团结与工会的统一。在4月初举行的第一次广州工人代表大会上，苏兆征、刘少奇及国民党中央党部工人部代表等都应邀参加，并相继演说。1926年6月，举行第二次广州工人代表大会，请中华全国总工会执委会委员长苏兆征报告第三次全国劳动大会决议案的意义及省港罢工意义，"会议气氛非常热烈，直至五点钟宣告散会"。①全体代表还通过决议提出："香港工友与广州工友在革命的形势上和地域上有最密切的关系，所以两地工友精神上要谋最紧密的结合，行动上要取一致的步骤。香港工友已奋斗经年，广州工友应以精神上和物质上的援助。"②广州工人与香港工人团结起来，筑成"红色堡垒"，形成强大的力量与帝国主义作斗争，这也正是苏兆征等共产党人所期盼的。香港总工会的成立和广州工人代表大会的召开，是省港工会统一运动的胜利，标志着省港工会组织的基本统一。从此，省港工人阶级在中共领导下进一步团结起来，成为广州国民革命运动中最坚强、最有战斗力的一支队伍。

二、当选"全总"委员长

自1925年5月召开第二次全国劳动大会以来，国内形势发生了巨大的变化，国民革命、工人运动，均是成绩斐然，"在此一年中，刘杨战争，五卅运动，省港罢工，反奉罢工，工人阶级无不为其中心势力，居在领导地位，这是以前所没有的"。③为总结既往的奋斗成绩，确定工人阶级此后的奋斗

---

① 《工人之路特号》1926年6月16日。
② 《工人之路特号》1926年6月18日。
③ 张秋人：《广东国民政府下的工人运动》，载《政治周报》第10期（1926年5月3日）。

方针，正在广州的全国工人运动领导人苏兆征、邓中夏、刘少奇、李立三等人研究，决定在广州召开第三次全国劳动大会。

1926年5月1日至12日，中华全国总工会在广州主持召开第三次全国劳动大会。出席第三次全国劳动大会的代表共有502人，代表着全国699个工人团体的124万名会员，英国、俄国、法国、德国、美国和日本等国家的工会代表也出席了大会。大会期间，为职工运动死难烈士及廖仲恺竖立纪念碑并举行了追悼会。刘少奇代表中华全国总工会作工作报告，再次重申工人阶级在国民革命中的领导地位。李立三汇报了参加赤色职工国际会议的情况，认为这次大会把中国工人运动推向一个辉煌壮观的发展时期，工人组织和工会会员迅猛扩大。"中国工人在世界职工运动中已经占了很重要的位置"。大会通过了30多个文件，如《关于中国职工运动的发展及其在国民运动中之地位报告的决议》《中国职工运动总策略运动决策案》《劳动法大纲决议案》《罢工战术决议案》等。大会选举35名执行委员、17名候补执行委员组成新

1926年5月，第三次全国劳动大会在广州召开。图为大会代表进入会场的情景

的全总执行委员会。苏兆征被选举为全国总工会执委会委员长，成为全国工人所拥戴的领袖。

在省城广州奔波于组织领导省港罢工的这段时间里，作为全国工人运动的领袖，苏兆征还积极参加各种社会活动。如在1926年3月与邓中夏、谭平山等人共同发起组织"中国济难会广东分会"；与周恩来、邓中夏、张太雷等担任中共广东区委举办党员训练班的教员，讲授工人运动等的课程；5月，应黄埔军校邀请发表关于中国工人运动与省港罢工诸问题的演讲；8月，以中华全国总工会委员长的身份参加黄埔军校师生与广州各革命团体的联欢活动并发表演讲等，各种活动都排得满满的。苏兆征无时无刻在为中国工人阶级利益而忘我工作，竭力扩大工人运动的影响，发出共产党的声音。

这是当时苏兆征在第三次全国劳动大会上当选为中华全国总工会执委会委员长的有关报道

坐落于广州市越秀南路的中华全国总工会旧址。苏兆征当选中华全国总工会执委会委员长后曾在这里办公

三、出任劳工部长

随着北伐战争的胜利发展，全国政治、军事的重心渐渐从广东向北转移，武汉成为革命的中心。1926年底，国民政府从广州迁往武汉。1926年12月，中共中央在汉口召开党的特别会议，决定在武汉成立中央分局（中央临时委员会），代行党中央的职权，负责与武汉国民政府的联系及参与国民政府，中央分局下设工人运动委员会和农民运动委员会等办事机构。苏兆征在此会上与谭平山、张国焘、毛泽东、罗章龙、王荷波、史文彬、恽代英、陈潭秋一同被选为新设立的武汉中央分局成员，并兼任工委委员（工委书记为罗章龙，成员还有项英、郭亮等）。不久，中华全国总工会亦从广州迁到武汉。

1927年3月，国民党在汉口召开二届三中全会，通过了《统一革命势力决议案》，"容纳国内最先进的共产党分子与之亲密合作，方能有伟大的力量，以保证此奋斗之成功"，决定增设劳工、农政、教育等五部，其中劳工部和农政部由共产党人担任部长职务，由国共两党共同指导工农运动的开展，并邀请共产党派人参加武汉国民政府及湖北省、武汉市政府的领导工作。"中国共产党决定完全赞助武汉的国民党中央"，"决定自己的党员应加入国民政府。"①经国共双方协商，中共中央决定派苏兆征、谭平山分别担任武汉国民政府劳工部长和农政部长。苏兆征还参加了武汉市政府，为武汉市政府市政委员会委员。

3月下旬，苏兆征握别了长期并肩战斗的战友，与参加中共五大的代表陈延年、彭湃等人一道，离开广州北上武汉工作。

离开广州，苏兆征一行乘火车先到长沙停留，受到了湖南省总工会、长沙市总工会及其他群众团体的热烈欢迎。3月28日湖南省总工会委员长郭亮代表全省工农群众在欢迎会上发表了热情洋溢的欢迎词，赞扬"苏、彭两

---

① 《中国共产党中央委员会对政局宣言》（1927年7月13日），载《向导》第201期。

君都是经过长期之奋斗，确有革命经验之工农领袖。我们以十分热忱表示欢迎！"

苏兆征到武汉时，受到当地民众的热烈欢迎。他们一行于3月31日下午抵达武昌，武汉工农群众代表早就聚集在车站等候迎接，气氛十分热烈。苏兆征向迎接的群众作了简短发言，他说："在革命未成功之时，我们工人应该一致打倒帝国主义、资产阶级及反对分子，我们要不分地界地团结在一起，这样我们无产阶级才能获取最后的胜利。"当晚，武汉各界代表数万人在汉口普海春举行欢迎大会，迎接苏兆征和彭湃等工农领袖到武汉工作。中华全国总工会驻汉口办事处主任（也是中华全国总工会党团书记兼湖北省总工会党团书记）李立三致欢迎词称："苏委员长是真正能为我们全国工人领袖，真正能够指导全国工人来作解放运动的。所以希望苏委员长来与我们民更好地指导、更大的帮助"，"苏委员长现在来就任国民政府的委员，我相信他一定能代表我们担负这种重大的责任，领导全中国的工人来参加政权。"[①]

4月1日，《汉口民国日报》发表题为《革命的象征》的社论，欢迎苏兆征等人的到来。社论写道："苏兆征同志代表全国280万革命的产业工人站在我们的面前，告诉我们全国的工人阶级已经领导着，而且正在领导着，并且继续领导着中国的国民革命，一直到世界革命。彭湃和苏兆征两同志携着手儿并肩站在我们面前，就是告诉我们：中国的国民革命是建筑在工农联合的基础上面，才可以成功的。"社论还强调："只有革命的工农兵及一切被压迫的人们欢迎他，不革命的、反革命的见了他，只有恐惧，只有发抖，只有逃遁，只有落伍，只有被淘汰。"

1927年4月3日，武汉各界群众50万人在汉口济生三马路举行盛大的欢迎大会，欢迎苏兆征和国际工人代表团。时任中华全国总工会执委会副委员长兼秘书长（也兼湖北省总工会秘书长）的刘少奇在大会上致欢迎词，充分表达了工人群众的心声："苏兆征同志是一个海员工人，有了很长的革命历史

---

① 《汉口民国日报》1927 年 4 月 1 日。

和丰富的经验。他指导伟大的省港罢工坚持了十余月之久，与帝国主义直接奋斗；并且指导全国工人运动，与帝国主义、军阀及一切反革命斗争。他这次到武汉来指导全国工人运动，特别是指导我们武汉的工人，所以我们应该特别热烈的欢迎他来指导我们"。"苏同志是国民政府劳工部长，他是代表无产阶级利益去参加政府的。我们欢迎我们领袖，代表我们利益去奋斗。"①

　　苏兆征在欢迎大会上发表演讲，对当前国内形势作了深刻的分析。他着重指出："最近他们帝国主义向我们进攻的方法有二：第一是武力干涉，第二是收买中国的反革命派来腐化中国革命。"他还强调说："现在中国革命确实到了一个危险时期，帝国主义最近除去用武力恐吓政府之外，上海的反动分子又集中起来，想与帝国主义军阀妥协。但是我们不要怕，只要我们各

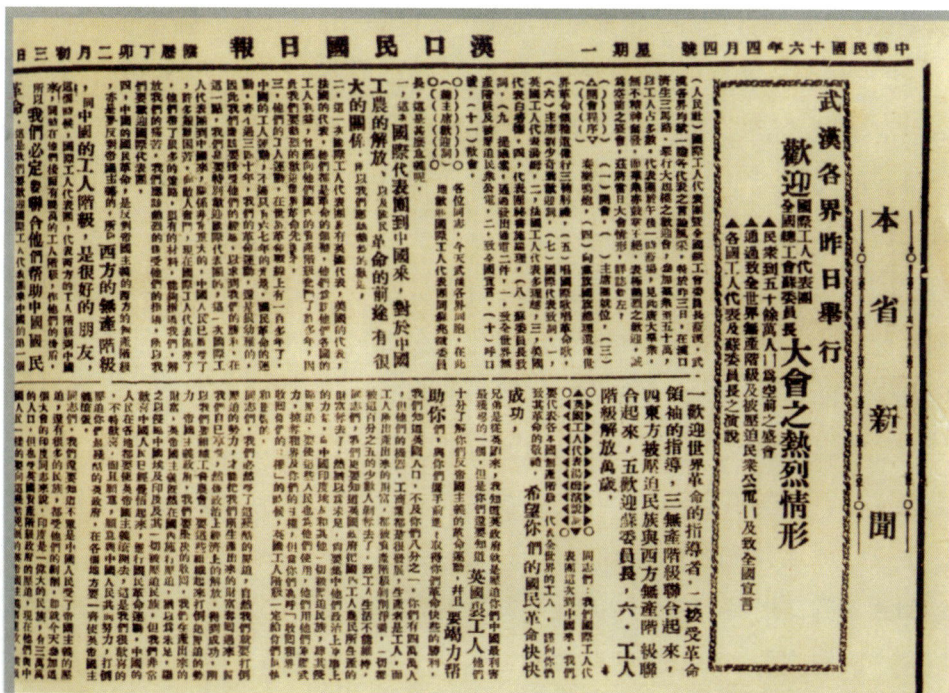

武汉各界举行欢迎国际工人代表团和苏兆征大会的报道

①　《汉口民国日报》1927 年 4 月 4 日。

界同胞更加努力，团结奋斗，便可打破帝国主义收买中国反动派的阴谋。"同一天，国民党中央党部和国民政府联合举行欢迎会，欢迎苏兆征、彭湃和国际工人代表团抵汉。连日来，武汉各界机关、团体、工会、工厂等方面仍陆续举行欢迎苏兆征来武汉领导工作的活动。武汉各界代表和人民群众如此热烈欢迎苏兆征，充分表达了人们对中国工人运动的领袖苏兆征的衷心拥护与信赖。苏兆征也多次表示，决心为了工人阶级的利益、为了中国革命，继续奋斗。

4月3日，日本水兵在汉口的日租界坐人力车不给钱，反而逞凶殴打索要工钱的人力车夫，这一暴行激怒了武汉民众，他们纷纷抗议日本军人的不法行为。不料日本领事竟然下令日本水兵登陆，开枪射杀抗议的中国民众，当场打死九人，打伤数十人，制造了骇人听闻的"四三惨案"。发生行凶枪杀我国民众的严重事件之后，日本政府反咬一口，说是中国民众"强烈排外"，还让一些日本商人闭厂歇业，造成大批工人失业，以此威胁武汉国民政府。

对于日本帝国主义的疯狂挑衅，在此关头抵达武汉的苏兆征，立即投入了紧张的战斗，与刘少奇、李立三等发动领导武汉人民举行一系列的抗议日本水兵屠杀中国人民暴行的斗争。在苏兆征指挥下，中华全国总工会与湖北省总工会等组织成立了"武汉人民对日委员会"，带领武汉人民举行了一系列抗议日本帝国主义暴行的活动。惨案发生的第二天，4月4日，在中华全国总工会的要求下，国民政府组成了由苏兆征、谭平山、陈公博三人负责的"四三惨案失业工人救济会"，处理有关事宜。4月5日，又以中华全国总工会名义，召集各工会联合会议，号召工人与各界民众团结起来，反对日本帝国主义惨杀中国同胞的罪行。4月6日，武汉各界群众代表在汉口济生三马路和武昌阅马场举行悼念"四三惨案"死难者大会，严正声讨日本帝国主义屠杀中国同胞的血腥罪行。苏兆征和谭平山等带领"四三惨案失业工人救济委员会"工作人员深入群众调查失业工友人数，积极筹备、组织生产自救场所，解决失业工人的就业问题。在苏兆征的再三敦促下，国民政府拨了一笔款项救济失业工人。

工人运动发展迅猛

　　湖南、湖北的工会会员，到 1926 年年底左右，发展到 30 余万人，在许多地区，工人还建立了自己的武装纠察队。1927 年 1 月，汉口、九江工人群众在李立三、刘少奇的领导下，举行了声势浩大的反帝示威，先后收回了汉口、九江的英租界。上海工人阶级在中国共产党领导下，为了配合北伐军的胜利进军，先后举行了三次武装起义。

　　与此同时，苏兆征还花费很大精力积极筹备武汉国民政府劳工部的成立工作。5 月 30 日，在汉口中央人民俱乐部大剧场隆重举行劳工部长就职典礼，会上，苏兆征发表就职通电，表示："兆征以一工人，谬膺重命，誓当恪守总理（孙中山）农工政策"，"兆征于工人苦痛，既经身受，而于工商业者所处环境，自信亦有相当之了解，今后更当竭其能力，追随诸先进同志后，为工人谋应得之利益，减去劳资间无谓之纠纷。务使劳工群众，与农民工商业者，在革命同盟之下，认清敌人所在，共同奋斗。盖惟工人农民获得真正利益，工商业乃能发达，而国民革命方有成功之日也。"[①]平衡并兼顾工人、农民与工商业者利益，共同为国民革命的成功努力，正是摆在苏兆征面前的重要任务。

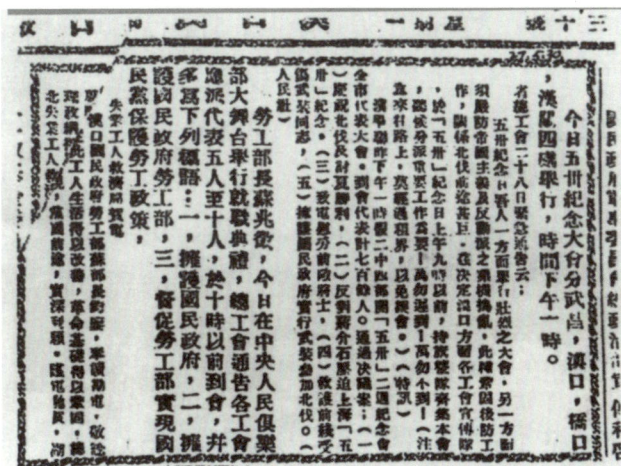
苏兆征就任国民政府劳工部长的报道

　　作为第一个代表中国共产党、代表工人阶级参加国民政府的劳工部部长，苏兆征深知肩上担子的重大。平日里，苏兆征很少待在办公室里，而是经常深入到工人群众当中，与工人打成一片，同甘共苦，呼吸与共。他一如

---

① 《汉口民国日报》1927 年 5 月 31 日。

往昔保持艰苦朴素、平易近人的作风，全心全意为工人群众谋利益，关心工人群众的疾苦，支持他们的合理要求，帮助他们解决困难，因而深受工人群众的信任与拥戴。针对全国总工会刚迁到汉口，工作忙乱，办事无规则、成效不彰的情况，苏兆征与李立三等中华全国总工会领导经研究后决定进行整改，明确各工作人员的工作分工，制定办事规则，要求工作人员办公时不能闲谈，一切工作均按规程进行，使总工会很快就恢复工作效率，受到工人群众的欢迎。为保障工人阶级的切身利益，苏兆征还主持起草《劳动法》，请求武汉国民政府颁布实施。但由于此时汪精卫政权已经日趋反动，对此不予支持采纳。

此时，随着革命形势不断发展，湖北武汉地区的工农运动也蓬勃地开展起来。湖北全省的工会会员人数由原来的20万人增加到50万人，工人纠察队也由2000人发展到5000余人，拥有枪支3000余支，成为一支具有战斗力的工人革命武装力量。1927年2月，武汉地区的工会组织已从北伐前的114个发展到242个，会员从9万多人发展到31万人。[①]工会的大批建立，极大地促进了工人们的斗争。1926年冬到1927年春，武汉各行各业的工人、店员无不卷入罢工浪潮，从而进入了一个"无工不组会，无会不罢工"的时代。

武汉地区的工人运动，其斗争方向、执行的政策总体上是正确的。起初，武汉工人群众的斗争主要是经济斗争，如增加工资、减少工时等，工人们在斗争初期也比较节制，大多能顾及当时的实际状况。迫于革命形势，资方一般也能满足工人的合理要求，劳资关系处理得较为妥善。但同时，武汉工人运动刚开始时，组织不十分严密，缺乏斗争经验，一部分工人尤其是工会领导不明白自己的历史使命，因此一些地方和部分工厂商店出现了对改善经济待遇的问题要求过高过急，只顾眼前利益、缺乏远见的幼稚行为，如无限制地减少工作时间，过高地向资本家要求增加工资，甚至随意封闭或没收店铺工厂，有的工人不遵守劳动纪律、不服从管理等。武汉工潮很快出现了

---

① 《顺天时报》1927年2月28日。

一些过"左"的倾向，如提出过高的增加工资要求，"手工业工人和店员向雇主算账，不仅要求增加以后的薪水，而且要求补加以前的薪水，甚至有算至几十年前的，所加的又比原薪多好多倍"。[①]而一旦无法满足，动辄停产、罢工、游行。据不完全统计，1926年10月到1927年4月，武汉共发生了300多次罢工，平均每天约1.5次。显然，这些过高的要求都脱离了当时的实际情况，是企业无法承担的。于是，劳资矛盾空前激化。在这种"工资加到工业不够成本，工厂慢慢都关门"的情况下，一些"狡猾的资本家，把余资卷逃到上海各地，让工人占据了工厂自生自灭"，最后"受苦的还是工人自己"。[②]各企业工会又相互攀比，不管英资、日资，也不管外资、中资，纷纷以追求最大幅度的生活改善为目标，从而使武汉工潮渐渐失控，很快就出现"商店歇业，工厂停机，市面萧条"局面。[③]这种工农运动中出现的过"左"倾向，也与武汉国民政府"争取小资产阶级"的政策发生冲突。在当时斗争经验不足及武汉地区斗争形势错综复杂的情况下，出现这种现象有时是不可避免的和可以理解的。但是，反动势力乘机大肆攻击污蔑工农群众革命运动，共产党内有的右倾机会主义者也跟着叫嚷工农运动"过火""糟得很"。

显然，1927年初的湖北武汉地区正处于错综复杂的局势之中：武汉国民政府（当时的所谓国民党左派执掌）与南京蒋介石政权（发动四一二事变的国民党反动派）之间的对立，外国势力如日本派水兵枪击武汉市民挑起外交事件、激起国人义愤等。革命形势的蓬勃发展和工农运动的兴起，威胁到

---

① 郑超麟：《郑超麟回忆录》，东方出版社2004年版，第281页。

② 陈公博在1939年所著的《苦笑录》记载："武汉的总工会照例不让国民党参加，而且奉命拥有自己的枪械、步枪、驳壳枪、手枪，色色俱备；罢工不能解决，工人拿武器威胁雇主和监禁雇主更是常惯之事。""它的工业发展，自然比之上海和天津远甚，因此资本家的力量又连带的比之上海和天津远甚。工资加到工业不够成本，工厂慢慢都关门。更有强项而狡猾的资本家，把余资卷逃到上海各地，让工人占据了工厂自生自灭。"陈公博《苦笑录》现代史料编刊社1981年版，第85页。

③ 《中央局报告（十、十一月份）》（1926年12月5日），中央档案馆编《中共中央文件选集》第2册，中共中央党校出版社1989年版，第536～537页。

帝国主义在中国的利益，列强也因此加紧与军阀、国民党右派等反革命势力勾结，企图破坏湖北武汉地区的革命运动，推翻武汉国民政府。帝国主义与蒋介石集团相勾结，对武汉进行军事包围、经济封锁，外国资本家撤资、关店关厂，武汉地区失业工人增加、市面萧条，武汉国民政府财政困难。这些内外因素交织一起，各种势力为所代表的利益明里暗里进行争斗，使武汉地区的政治气候"乌云密布"，形成纵横交错的复杂局面，考验共产党人的智慧。

在中国共产党的协助下，武汉国民政府成立了战时经济委员会，由汪精卫、宋子文、谭延闿、孙科和苏兆征担任委员。根据战时经济委员会的布置，苏兆征和刘少奇、李立三等共产党人一起，领导武汉工人群众，进行了反经济封锁的斗争，对破坏经济、捣乱社会的不法分子和奸商进行制裁，接管资方故意停产的企业，鼓励工厂、商店开工开业，解决部分失业工人的就业问题。国民政府还成立了湖北失业工人救济局，拨出一笔款项，专业救济失业工人。经济发展困难，导致劳资关系比较紧张，苏兆征参加了劳动仲裁委员会的工作，制定了劳资双方都能接受的工资待遇、工作时间等条件，维护了工人的最低生活水平，使经济暂时稳定下来。

为将湖北工人阶级组织起来，维护自己权益，4月20日，湖北总工会在汉口举办工人纠察队训练班。苏兆征抽出时间参加训练班开学典礼并发表演说，他号召工人纠察队员要严守纪律、服从指挥，捍卫工人权益。他强调："打倒一切帝国主义和军阀，扫除一切封建势力及宗法思想，革命才能成功，真正自由解放才能实现。"[①]

在帝国主义在华势力与蒋介石反动派的拉拢下，国民党及武汉国民政府内部一些人也蠢蠢欲动，进行反共活动，开始对付工农运动。刚成立的武汉国民政府既要按照孙中山遗嘱，坚持扶助农工的政策，但它同时又必须确保社会安定以及经济生产的正常运行，只有如此才能得到足够的税费收入以维持

---

① 《汉口民国日报》1927 年 4 月 22 日。

军费和政府开支。而工人运动一旦兴起，特别是失控时将导致商人、工厂主利益受损，就连人身及财产安全都难保证，社会安定和生产经营自然难以维系，经济社会也会陷于混乱之中。必须维护好工人权益，同时又保经济稳定和政府正常运行，需要站得高、看得远的眼光，又需要一定的才干才能处理好。

对于这种情况，苏兆征有比较清醒的认识。首先，他站在坚定维护工人阶级利益的立场，支持工人组织工会参加革命斗争，争取合法权益，提高生活水平，不同意对工农群众运动的污蔑攻击；同时，对武汉地区工人运动存在的一些问题，即过"左"或者幼稚的行为，则采取劝阻的做法。他也希望，工人的工会组织和罢工活动能够在一定轨道上运作运行，服从武汉国民政府劳工部领导，集结在统一的旗号下，不要逸出范围，影响国民政府治下工商业发展，甚至于破坏社会秩序。

针对上述现象，苏兆征以国民政府劳工部长名义，于6月17日公开发表了布告。他坚持原则、态度鲜明，坚定地捍卫工人权益、维护革命利益，同时又实事求是地指出错误，劝告工人团体及工人群众注意纠正过火行为。

在布告中，苏兆征首先明确地表示："本部长向力海员，于工人阶级被压迫的痛苦既经身受，现在奉长劳工部，自当依照本党所定政策，为工人阶级谋得种种利益。"

其次，深刻分析了武汉国民政府的劳工政策的内容与实质，指出："劳工政策，为本党总理所手定，其目的在解放大多数之工人农民，使其得到真正利益。"

再次，论述了工农与工商业者之间的关系，强调在国民革命旗帜下加强联合的意义："凡我革命民众，应该深切的了解，只有工人农民的生活改善，购买力增加，工商业者才能发展。工人、农民、工商业者利害相同，自应联合一致。不幸近来帝国主义者及其走狗军阀买办阶级的造谣中伤，商民有堕其奸计者，对工人运动疑虑横生"，应该值得注意。

第四，布告指出："工人农民甫经解放，不免有初期的幼稚行为，致使工农与工商业者的革命同盟发生罅隙。"为此，他劝告各工会团体及工人群众务必要注意克服一些幼稚过火的做法，应该顾全大局，不要只顾眼前私利。"此后各劳工团体或个人，如有违反中央迭次训令之幼稚行为，当依法撤究，决不偏袒。"

最后，他态度鲜明地揭露及批判了那些借机攻击污蔑工农群众运动的行为，严正宣称："其有藉词蒙蔽借以摧残劳工团体或个人者，本部全为保护工人之利益，亦当依法彻究不贷。"①

为保障工人阶级的切身利益，苏兆征亲自主持起草了一个《劳动法》，提交武汉国民政府请求付诸实行。

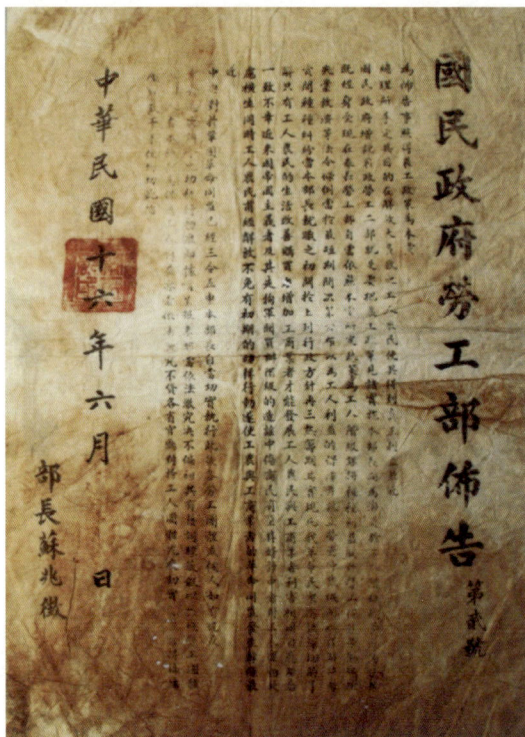
国民政府劳工部部长苏兆征签发的布告

苏兆征以劳工部长的身份，定期列席国民党中央执行委员会政治委员会会议，反映工人群众的情况和合理要求，提出解决意见。4月上旬，一些外资工厂企业为配合帝国主义破坏阴谋，扬言要关厂停业，对武汉政府进行威胁，同时把责任推到工人身上，说是受了劳工的所谓"恐吓""勒索加工资"等等。在4月13日召开的国民党中央执行委员会政治委员会会议第12次会议上，孙科等人借此责怪工人，并提出："要苏兆征部长下命令，要他们工人不得故意同外国人刁难。"对于外国资本家这种恶劣行为，苏兆征就此揭露了一些外国商人的阴谋，指出："因为他们有停工的风说，所以工人们才会这样对付"；至于所谓码头工人"勒索加倍工资"，却是"英国的船

---

① 《汉口民国日报》1927年6月17日。

开走了就不回来，他们想封锁我们的运输，并赖掉工人工资。"①苏兆征指出："这一切都是帝国主义和反动派的挑拨，我们一定会继续斗争，不会轻易低头认输的。"一边是工人运动中某些过激的言行，一边是执政者希望稳定政局大局的决策。苏兆征作为中华全国总工会执委会委员长和国民政府劳工部长，他需要在维护工人权益和保持大局稳定间保持平衡。

工人运动中的"左"倾错误

自1937年2月起，刘少奇给中共中央主要负责人张闻天连续写了《关于大革命历史教训中的一个问题》《关于过去白区工作》等四封信，信中刘少奇对党成立以来在白区工作中的"左"的思潮进行了系统的历史考察。其中《关于大革命历史教训中的一个问题》就讲到了大革命时期工人运动中一些"左"的现象：

"无疑的，一九二七年前，工会保护工人利益的工作，作得不够，不周到，尤其在工人立法方面，全无建设，是属于右倾的，但这并不能证明在工人运动中就无"左"倾。当时在长沙、武汉、广州等城市，工人中的'左'倾错误是很严重的。"

大革命时期长沙、武汉、广州等城市，工人中的"左"倾错误是非常严重的，有的甚于后来"左"的冒险主义错误。当时工人"提出使企业倒闭的要求，工资加到骇人的程度，自动缩短工作时间至每日四小时以下，随便逮捕人，组织法庭监狱，搜查轮船火车，随便断绝交通，没收分配工厂店铺，这些事在当时是极平常而普遍的"。②工人运动是中共负责的，工人这种盲动的行为使得企业主、市民及商家极为不满，但他们并不责备工人，而是把责任归咎于中共和工会，这就严重影响党和工会的形象。

在5月2日召开的国民党中央执行委员会政治委员会会议第17次会议上，苏兆征详细讲述了南方各地反动派发动反革命政变屠杀工农群众的情况，他指出，福州一些反动派召开护蒋大会；厦门工会被解散；粤汉铁路工会4月14日被包围，打死三百多人；在广东东江、西江一带，都有一些群众被杀害，"真是野蛮已极"。③

---

① 中国第二历史档案馆编：《中国国民党第一、二次全国代表大会会议史料》（下），江苏古籍出版社1986年版，第1054页。

② 刘少奇：《关于大革命历史教训中的一个问题》（1937年2月20日），中共中央文献研究室、中华全国总工会编：《刘少奇论工人运动》，中央文献出版社1988年版，第212页。

③ 中国第二历史档案馆编：《中国国民党第一、二次全国代表大会会议史料》，江苏古籍出版社1986年版，第1110页。

其时，武汉地区工人失业人数已经超过14万人。在5月4日召开的国民党中央执行委员会政治委员会会议第18次会议上，审议了劳工部提出的失业局组织计划书同预算案。苏兆征提出拨给失业局的救济费要每月60万元，同时也讲到失业工人以建筑、码头两种工人居多。此次会议也指定了代表国民党出席太平洋劳动大会的代表团人选，为中央工人部长陈公博、国民政府劳工部长苏兆征和中央宣传部长顾孟余三人。①

在武汉工作期间，苏兆征亲自主持召开或参加了一些重要会议，对当时革命形势的发展，起到一定的推动作用。

苏兆征深切感受到，中国革命的敌人是异常强大的。为了战胜强大的敌人，仅仅依靠工人阶级的孤军奋战是不够的，必须利用一切可能的机会，争取一切可能的同盟者。

国共关系破裂

1927年4月和7月，蒋介石和汪精卫先后在上海和武汉发动反革命政变，北伐战争的胜利果实被窃取。7月15日，武汉国民政府领袖汪精卫召开"分共"会议，公布《统一本党政策案》，正式与中国共产党决裂。8月1日，周恩来、贺龙、叶挺、刘伯承等发动南昌起义，自此第一次国共合作彻底破裂。这次北伐战争中途共产党被抛弃、被屠杀的教训，使中国共产党人在残酷的革命斗争中深刻认识到，在半殖民地半封建的中国，工人不能享受起码的民主权利，几乎所有规模较大的工人斗争都受到反动军警的镇压。因此，没有革命的武装斗争，仅仅依靠罢工这个武器，主要进行合法斗争，要取得革命胜利是不行的。

部分共产党领导人深刻认识到建立以共产党领导的无产阶级军队、独立开展武装斗争的极端重要性，从而开始走上创建中国工农红军，进行土地革命，以农村包围城市，武装夺取政权的另一条革命道路。

四、主持太平洋劳动会议

参加完中共五大之后，苏兆征全力以赴参加太平洋劳动会议的筹备工作。此次会议虽是由中华全国总工会的名义召开的，但却是在中共中央的直接领导下进行的一次国际性会议。

---

① 中国第二历史档案馆：《中国国民党第一、二次全国代表大会会议史料》，江苏古籍出版社1986年版，第1122~1123页。

　　由于中华全国总工会作为一个整体加入赤色职工国际，因而在共产国际指导下的赤色职工国际希望中国工人阶级担负起统一东方各国工会的责任，并且决定邀请各国的工会代表到中国开东方各国职工大会。英、美、法、苏等国的工会纷纷派代表来中国了解工人运动状况，交流经验，并支持中国的革命。在会议开幕之前，1927年3月，美国代表白劳德、法国代表多理越、英国代表汤姆等就以国际工人代表团名义到达武汉。

　　1927年5月20日，太平洋劳动会议在汉口血花世界大舞台（即现在的汉口民众乐园）开幕，出席大会代表共33人，其中苏联代表5人，美国代表2人，日本代表6人，爪哇（印尼）代表2人，朝鲜、法国、英国代表各1人，中国代表有苏兆征、李立三、刘少奇、林育南等15人，共代表1455万有组织的工人。另有加拿大、菲律宾、印度、澳大利亚等国代表因故被阻，未能出席大会，但均来电致贺。由于太平洋沿岸的国际劳动代表团未到者尚多，因而在5月14日召开筹备会议时决定将太平洋劳动代表大会改为太平洋劳动会议。

太平洋劳动会议会址——民众乐园（血花大世界）

出席大会开幕式的有中国共产党代表瞿秋白，国民党中央党部陈公博、彭泽民，全国农民协会罗哲，国民党汉口市党部詹大悲，中华全国总工会代表刘少奇，湖北省总工会向忠发，国民党湖北省党部徐虔知等及各机关团体代表。

苏兆征被选为大会主席团成员和秘书长，并主持会议。苏兆征在开幕词中，向各国代表介绍了中国工人运动的历史和近况，同时还论述了中国革命与世界革命的关系，提出了中国革命是世界革命一部分的论断。苏兆征讲道："中国的国民革命是世界革命的一部分。中国的革命如能早日成功，世界各帝国主义的崩溃自在目前。故中华民族解放运动，与世界工人阶级的解放运动，其利害是分不开的。现在中国的革命怒潮正在高涨！中国的革命战线已分化了多次，以后中国革命运动的领导权，在事实上已明显的表示，非中国的工农群众来共同掌握不可。因此，各帝国主义者对中国的革命，便发生了无限的恐怖，摇旗呐喊，制出许多谣言，想招引各帝国主义的国家都派兵舰共同来干涉和破坏中国的革命。我们要知道：他们破坏中国革命，即是破坏世界革命；中国革命如有失败，即是世界革命遭着了重大的打击。所以我们又应该如何唤起太平洋沿岸各国的工人阶级，一致来援助中国国民革命。"苏兆征讲了这次会议的四个重大意义，并号召"太平洋各国的工人阶级一致团结起来！援助中国的革命运动！"①

会议经过七天热烈讨论，交流了情况和斗争经验，一致认为世界劳工运动当务之急在于团结一致地进行战斗，西方工人的斗争和东方工人的斗争紧密地联系起来，是工人阶级得到解放的根本条件。会议共通过了20个决议案，其中重要者有：抗议北京搜检大使馆及伦敦搜检俄国商社；反对英、日、美等帝国主义者酝酿二次世界大战；联合世界各工会，对中国革命加以援助，并将帝国主义之势力逐出中国之外；赞助中国革命事业，并祝其早日成功；组织超越国境、种族之职工国际，以期望统一全世界之劳动运动；援

---

① 苏兆征：《在太平洋劳动会议上的开幕词》（1927年5月20日），载《苏兆征文集》，人民出版社2013年版，第90~92页。

助朝鲜、印度等被压迫民族之独立；经济计划；注意上海及广东各地之反动派，对彼等惨杀工会领袖及另组新工会事，誓以全力反对；打倒一切妨碍工农组织之发展，及阻止其社会经济要求之政治策略等。

会议还一致通过了主席团的提议，决定组织太平洋工会秘书厅。其任务是：联络太平洋各国的无产阶级；调查和统计各国劳动运动的情况；搜集帝国主义者压迫工人阶级和弱小民族的事实，作广大的反对帝国主义的宣传运动；巩固东亚职工运动；筹备召集下次太平洋劳动大会，并出需译成各国文字的定期刊物，名曰《太平洋劳动者》。秘书厅由苏兆征任主席，负责召集会议，研究有关问题。苏兆征在中国职工运动中所作出的贡献以及为促进太平洋地区各国工人阶级之间的团结所作出的努力，使他在太平洋沿岸职工运动中的影响也日益扩大了。

6月3日，湖北省总工会在血花世界召开工会大会，由罗佐夫斯基作《太平洋劳动会议之意义》，苏兆征作《太平洋劳动会议之经过》，李立三作《太平洋劳动会议与中国职工运动》的演讲，详细解释了太平洋劳动会议的意义。

五、主持第四次全国劳大

1927年四一二反革命政变之后，"革命的形势是如此紧迫，我们的责任又是如此重大，而且需要解决的问题又是如此之多"，召开第四次全国劳动大会已经"不容片刻犹豫"。依照中华全国总工会的安排，第四次全国劳动大会应在当年5月1日在汉口举行。但是，由于太平洋劳动会议同日在汉口召开，第四次劳动大会的会期被改在5月30日。此后，筹备事繁加上交通梗阻，会期再被推迟。

为应对武汉国民政府越来越明显的反动倾向及压制工农运动的举措，确定工人阶级的政治斗争任务，中共中央决定1927年6月19日在汉口召开第四次全国劳动大会。大会开幕前，苏兆征特意代表中华全国总工会举行了新闻记者招待会，他介绍了全国总工会的战斗历程及当前担负的历史使命，揭露了当前国内反动势力在帝国主义支持下极力镇压破坏革命的情况，并指出：

第四次全国劳动大会即将开幕，"在这次大会中，关于中国工人目前之工作及行动大纲，将有重要之决议。此次决议，任务极重。"他强调，"中国工人阶级的努力和发展，是以造成中国革命之长足发展。"

苏兆征、刘少奇、李立三、邓中夏、林育南等人在会前做了大量的准备工作，并主持和领导了大会的进行。

1927年6月19日，第四次全国劳动大会终于在汉口隆重开幕。当天，除代表着全国280多万有组织的工人的正式代表420人出席，还有列席旁听的武汉等地区工人代表2000多人。苏兆征宣布大会开幕后，全体起立，为各地死难烈士默哀五分钟。

苏兆征在大会致开幕词时豪情满怀地说："反动派向我们进攻很厉害的时候，我们却在此开会，这是何等欣喜的一件事。"中国革命势力一天一天发展，由珠江达到长江，以至于黄河流域，这是他们几次罢工结果。他旗帜鲜明地号召全国工人群众紧密团结，"保障我们的革命，使之沿着省港罢工的胜利，沿着由珠江发展到黄河的胜利，一直到成功"；为此，"我们第一便要反对帝国主义武力干涉中国，第二要反对蒋介石屠杀民众，第三要与国民政府同生死，第四要帮助农民打倒封建势力"。①会上，苏兆征代表大会主席团接受赤色职工国际、苏联总工会以及爪哇工会代表团的献礼赠旗，并激动地说："我们以十二万分的诚意来接受这旗帜。这旗是满地红的，便是象征他们的胜利。可是回头来看中国，大半是白色恐怖所布满。我们应努力来打倒这白色恐怖，在不久之间，也要有这样的红旗！"大会庄严宣称："无论付出多大的牺牲，中国无产阶级将坚决斗争到底。"②这是苏兆征和中国工人阶级的钢铁誓言和战斗决心。

共产国际代表罗易、共产党代表蔡和森、共青团代表徐伟、国民革命军总政治部代表郭沫若先后发表演说，大会还发出慰问伤兵电和致英国工人阶

---

① 雁冰：《第四次全国劳动大会》，《汉口民国日报》1927年6月21日。
② 《中国赤色职工运动已由经济斗争进到政治斗争》，《北京晨报》1927年7月11日。

级书。会议期间，李立三作政治报告，赤色职工国际委员长洛佐夫斯基作世界工人运动的报告，刘少奇作会务报告，苏兆征作海员总工会报告，罗珠作香港总工会报告，向忠发作湖北工人运动报告。

6月29日上午，大会选举出中华全国总工会执委会委员35人，候补委员19人，并补行闭幕典礼。6月30日，中华全国总工会新一届执行委员会举行第一次会议，选举苏兆征、向忠发、李立三、王荷波、邓中夏、陈寿昌、罗珠、郑覆他、林育南为常务委员，苏兆征再次当选委员长，李立三为秘书长。

第四次全国劳动大会会场

第四次全国劳动大会通过的《国民革命的前途和工会的任务》等一系列决议案，如同刘少奇后来所批评的那样，"并没有解决什么基本问题"。有些决议中出现的"左"的色彩，虽然没有真正贯彻下去，但对未来一段时间工人运动的发展，在思想上、理论上都产生了消极影响。如第四次全国劳动大会通过的《经济斗争决议案》，就明显有超越社会生产力水平的"左"的色彩。①

1927年6月以后，湖北地区形势急转直下，汪精卫集团的反革命活动越来越嚣张。6月28日晚上，在汪精卫的默许下，武汉驻军李品仙部强行搜掠并强占全国总工会和湖北总工会办公地点。苏兆征不顾危险挺身而出，就这一非法行为向当局提出抗议，严正要求立即下令撤走军队。他表示："军队竟然跑到全国总工会，贴上一些某某办事处的条子，把房间都占住了，这简直就是强盗的行为，我们要求国民政府严肃处理此事，并立即撤走强占总工会的军队。"尽管后来军队撤走了，但整个武汉形势并未改变，苏兆征对此仍然保持着高度的警惕性。当时正在武汉采访的美国记者斯特朗，就军队非法强占全国总工会一事征求苏兆征的看法。苏兆征冷静地回答说："我们今天就在这里办公，谁晓得明天又会发生什么事情！"

为了应付突然事变的发生，中共中央有关人员采取了一系列措施。对于从各地撤退到武汉来的干部，根据"凡能秘密回原地原籍工作的，便派回原地原籍；不能返回原地原籍的，即派到其他地方工作，其中大部（包括一些党外进步人士）派到南方工作；此外还有一部分送到莫斯科学习"的原则，进行了妥善、周密的安排。

苏兆征与有关同志一起积极参加部署应变的各项工作。当时，广东方面有不少干部、党员先后撤退至武汉，苏兆征及时妥善地安置了他们。据一位广东干部回忆当时的情景说："我和李仁华、古柏三人步行经江西上武汉，到汉口中华全国总工会找到苏兆征同志，他介绍我们住党中央两广区委会所主办的逃难同志招待所……后来便由中央军委派回东江。"②6月间，一支由周其鉴等率领的500人农军从广东北江撤退至武汉，驻在徐家棚。谭延闿

---

① 这一决议案提出，在 8 小时工作制外，繁重和危险的产业工作时间应减至 8 小时以内，每月加班不超过 24 小时，加班工资加倍，每年连续一周的休假工资照发。决议案同时提出，由政府根据物价水平规定最低工资标准，工资以现款为标准，每周支发，雇佣工人时应订立劳动合同，工人退职应发给至少 1 个月的津贴。
② 陈启昌：《大革命时期梅县革命斗争的一点回忆》，载《广东党史资料》第 4 期（1980 年 11 月）。

主张将这支部队"归并第四军"。张发奎则要求将他们分散补充第四军各部缺额。为了保存这支革命力量不受分解吞并，经过苏兆征的努力，决定将这支队伍暂编为陈家佑所辖补充团。不久，这支队伍便开赴南昌，参加武装起义，成为起义军第二十军第三师的一部分。

鉴于武汉汪精卫集团的反革命政变阴谋已呈表面化，共产国际致电中共中央，要参加武汉国民政府的共产党员"示威式地退出国民政府"。陈独秀并未将此事告诉苏兆征，只是简单地询问他："形势如此，你意如何？"苏兆征回答说："我要将已起草的《劳动法》提交国民政府讨论；国民政府必不能通过，我们发宣言，退出国民政府，领导群众反抗。"1927年7月13日，中国共产党发表《中国共产党中央委员会对政局宣言》，痛斥汪精卫集团的叛变革命行径，庄严宣布中国共产党将继续坚持领导中国人民将革命坚持下去，宣言还声明撤回参加国民政府的共产党员，以示抗议。苏兆征也做出了自己的选择：与谭平山联名发表《辞职书》，声明退出国民政府。《辞职书》严斥国民党反动派的所作所为已完全背叛了孙中山先生关于联俄、联

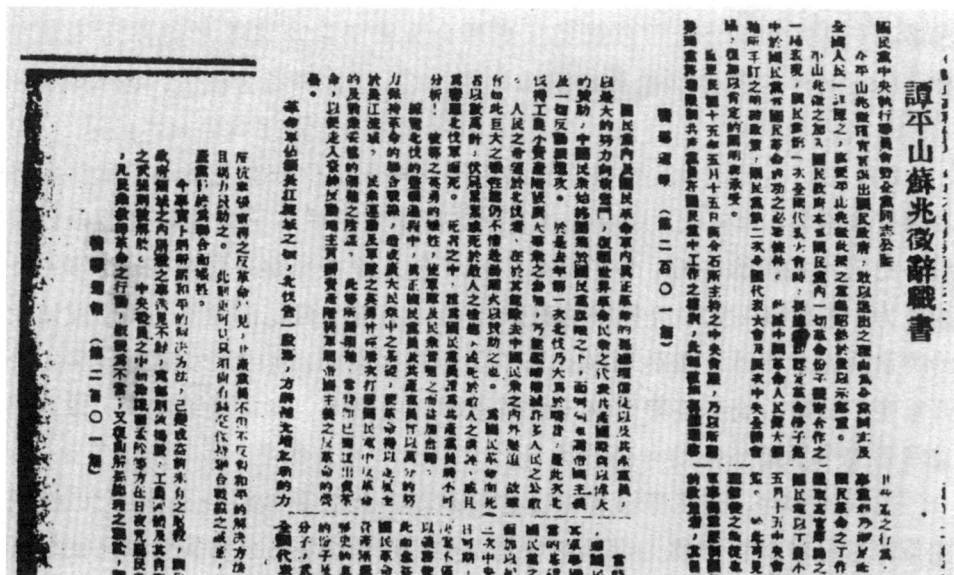

代表中共参加武汉国民政府的谭平山（任农政部长）、苏兆征（任劳工部长）联合发布辞职书，抗议汪精卫集团叛变革命

共与扶助农工的革命政策，揭露他们的一系列反革命行径"使革命转入反革命的途径"，"使共产党员加入政府之基础已经消失，共产党员既为巧合的国民党员及共产主义者，则在此种状况下退出政府，乃其天职"。①

从此，苏兆征与国民党彻底决裂，与中国共产党一起转入艰苦的地下革命工作，继续投身于工人运动之中。

在此关键时刻，苏兆征又在全国总工会内采取一系列紧急应变措施，及时将全国总工会的一些干部转移到别地工作，同时当机立断将劳工部门的十余万元存款全部取出，尽数送给武汉失业工人救济所，以免落在国民党反动派手中。

7月15日，汪精卫公开撕下假面具叛变了革命，开始大肆追捕和通缉共产党人和革命分子，苏兆征也上了通缉的名单。面对国民党反动派"宁可错杀一千，不可让一人漏网"的屠杀政策，苏兆征没有惊慌失措。他及时机智地转入了地下，迁往羊牧之等人的住所隐蔽起来，继续坚定地组织武汉地区革命群众反抗国民党反动派叛变革命的斗争。在苏兆征主持下，全国总工会发表了《反抗压迫工人工会的宣言》，向工人阶级指出："我们的职任是解放中国民族，我们的革命战斗力决非压迫屠杀和改组我们工会的人所能消灭的！"宣言号召工人群众"勇敢向前，在秘密中更加严密的组织，赶快团结起来。向着反动的新旧军阀、无耻官僚汪精卫、唐生智、蒋介石、张作霖等进攻"。在苏兆征等人的组织领导下，8月初，武汉地区工人奋不顾身地举行了一次声势浩大的罢工斗争，以反抗国民党反动派的屠杀政策。对于武汉工人举行的这场"政治总罢工"，邓中夏称："兆征同志主持之力是很大的。"②

---

① 载《向导》第 201 期（1927 年 7 月 18 日）。共产国际对谭平山、苏兆征退出武汉国民政府的表现并不满意。共产国际先是称：不仅在两党合作期间，他们领导的"农政部及劳工部与其他官僚机关并没有什么区别"，"在群众面前消失（了）共产党的面貌"，而且当1927 年 7 月国共关系破裂在即，7 月 8 日，联共中央政治局召开紧急会议，决定给中国共产党以下指示："共产党人不能留在政府里。我们认为，谭平山宣布休假的声明是错误的，是怯懦的；共产党人必须示威性地退出国民政府。"

② 邓中夏：《苏兆征同志传》，载《邓中夏全集》（下），人民出版社 2014 年版，第 1324 页。

第六章

进入中共中央领导层

一、出席中共五大当选中央政治局候补委员

二、参加八七会议担任中央政治局常委

三、推选为广州苏维埃政府主席

四、主持中央工委工作

在急促的大革命风暴中，苏兆征由香港而广州、武汉、上海和海外，从珠江到长江、黄浦江，带领工人阶级开展劳工运动。发生在1927年春夏之交的国民党当局叛变革命、反人民的"清党"政策和屠杀政策，破坏了代表中国人民解放事业的国共两党和各界人民的民族统一战线及其一切革命政策。

"但是，中国共产党和中国人民并没有被吓倒，被征服，被杀绝。他们从地下爬起来，揩干净身上的血迹，掩埋好同伴的尸首，他们又继续战斗了。"苏兆征在退出武汉国民政府、与国民党决裂后，奔忙于武汉、九江、上海等地开展革命工作，出生入死，机智地躲过了敌人的监视和围捕。

为挽救革命，中共中央于1927年8月7日在汉口召开的"中央紧急会议"（简称八七会议）。会议确定了土地革命和武装反抗国民党反动派的总方针，选出了新的临时中央政治局，苏兆征当选为中央临时政治局委员；其后，在8月9日的临时中央政治局会议上，他与瞿秋白、李维汉一起当选为中央政治局常委，成为党的核心领导成员之一。[①]会后，苏兆征到上海参加党中央领导工作，并负责中央财务小组的工作。他参与举行武装起义、反对国民党反动派统治的谋划，被广州起义指挥部推选为广州苏维埃政府主席；及时改进工人运动的方略，更好积蓄工人阶级进行革命斗争的能量；几百万的经费多次经手，他不仅廉洁自律，而且把这有限的经费使用得恰到好处。苏兆征以其谦逊廉洁、忠厚温和的品性在党内广受敬佩。

---

① 在中国共产党的早期历史上，有四名党员是从早期土生土长的工人运动领袖中发展而来的，他们就是邓培、向忠发、王荷波和苏兆征。邓培在1921年入党，向忠发和王荷波晚邓培一年（1922年），而苏兆征是1925年入的党，更晚他们三年。就党内地位而言，向忠发和苏兆征最初远不如王荷波和邓培。王荷波和邓培是最先成为中央委员的，在中共三大与四大时，他们先后被选为中央执行委员或候补执行委员。他们在中共的工会工作中，也曾占据着相当突出的地位。直到1925年省港大罢工时，苏兆征才开始成为中共工运的重要领导人之一。而向忠发则只是在武汉地区成为革命中心之后，才开始引人注目（时为湖北总工会委员长）。因此，直到1927年4月底至5月初中共五大时，由于邓培在广州遇害、王荷波改任中央监察委员，苏兆征和向忠发才取代邓培和王荷波，同时当选中央委员，开始进入中共中央领导层。

一、出席中共五大当选中央政治局候补委员

1927年4月，蒋介石在上海发动四一二反革命政变。在广州，国民党新军阀制造了四一五惨案，仅7天内被捕者即达2100人，其中共产党员约600人，被秘密杀害者100余人，李启汉、萧楚女、邓培、熊雄等一大批优秀共产党员英勇就义。帝国主义和国内反动势力互相勾结，对武汉国民政府及共产党进行打击，党的领导人陈独秀非但不对反革命势力进行有力的反击，反而继续推行右倾机会主义的错误路线，放弃了对于农民群众、城市小资产阶级和民族资产阶级的领导权，尤其是武装力量的领导权。为挽救革命，纠正右倾机会主义错误，制定新的路线和方针，中共中央决定于1927年4月召开第五次全国代表大会。4月27日至5月9日，中共五大在武昌召开。

中共五大开幕地点——武昌高等师范第一附属小学

出席大会的代表有陈独秀、蔡和森、瞿秋白、毛泽东、任弼时、刘少奇、邓中夏、张国焘、张太雷、李立三、李维汉、陈延年、彭湃、方志敏、

恽代英、罗亦农、项英、董必武、陈潭秋、苏兆征、向警予、蔡畅、向忠发、罗章龙、贺昌、阮啸仙、王荷波、彭述之等82人，代表着57967名党员。会议期间组成了政治委员会、农民土地问题委员会与职工运动委员会等机构，苏兆征参加了政治委员会（共13人）和职工运动委员会（由9人组成）。

中共一大到六大党员人数统计表[①]

代表大会	一大	二大	三大	四大	五大	六大
时间	1921	1922	1923	1925	1927	1928
党员人数	50多	195	420	994	57967	4万多?

苏兆征与其他代表一起，总结了过去几年来的斗争经验教训，讨论了当前日益紧张的形势和党的斗争任务，并对陈独秀右倾机会主义错误进行了批判。陈独秀虽然在会上表示同意代表们对自己的批评，但实际上仍坚持自己的错误。大会选出了由31名正式委员和14名候补委员组成的党的中央委员会。随后举行的五届一中全会选举陈独秀、蔡和森、李维汉、瞿秋白、张国焘、谭平山、李立三、周恩来为中央政治局委员，苏兆征、张太雷等为候补委员；选举陈独秀、张国焘、蔡和森为中央政治局常务委员会委员，陈独秀为总书记。

中共五大会后，由于革命斗争的需要，党中央相继建立健全一些机构，如成立中央工委，由李立三、林育南、苏兆征、项英、刘少奇、王荷波、许白昊7人组成。出于加强党的领导和统一战线工作的需要，中央还在一些部门中成立中共党团，如在武汉国民政府中设立党团干事会，由谭平山、苏兆

[①] 在1921—1927年短短的六年时间里，中共成长为一个拥有近5.8万党员、3.7万团员的组织，还有在其领导下的290余万工会会员、900余万农会会员和15万童子团，其组织触角辐射到全国大部分地区和从工、农、学到青、少、妇的各阶层民众，如此范围广泛、规模宏大的群众，在短时间内被纳入现代政党的组织体系中并有效动员起来，在中国历史上是前所未有的。这与中共致力于工农运动、发动群众有极大的直接关系。

征、林祖涵、杨匏安、吴玉章5人组成，以谭平山为书记。在中华全国总工会成立党团干事会，由李立三、苏兆征和林育南三人组成，李立三为书记。

二、参加八七会议担任中央政治局常委

1927年7月12日，根据共产国际执行委员会的指示，中共中央改组，由张国焘、李维汉、周恩来、李立三、张太雷组成临时中央常务委员会，代行中央政治局职权，陈独秀停职。共产国际在1927年7月14日的电令中称：中共中央领导机关已经由于其对国民党的种种妥协政策而表现出严重的机会主义倾向，中共全体党员必须坚决与党的领导的种种机会主义倾向作斗争，改造中共中央。而这种改造的基本任务，就是"要使工人和农民组织的领袖以及在内战时长成的党员，在党的中央内取得决定的影响"。

在退出武汉国民政府不久，遵照中共中央的部署，苏兆征秘密前往九江参与南昌起义的准备工作。1927年7月，苏兆征参加了筹备南昌起义的九江会议。他强调指出，此次起义不仅关系到我们党的前途，还关系到中国民族革命未来发展，我们工人作为革命的积极分子，也应该参入到这次武装起义中，以实际行动来支持我们的党。苏兆征在九江联系当地的工会组织，宣传动员九江工人群众组织起来，拿起武器，投入斗争，积极配合南昌起义的举行。[1]遗憾的是，南昌起义前夕，苏兆征临时接到中共中央通知，要他兼程赶回武汉，参加中央紧急会议的筹备工作，没能真正参加到这次震惊中外的南昌起义中去。起义期间，成立了"中国国民党革命委员会"，苏兆征仍与宋庆龄、周恩来等一起当选为革命委员会委员。8月3日，苏兆征出席中央常委扩大会议，讨论中央紧急会议的各项准备工作。

1927年8月7日，按照临时中央成立时的决定，中共中央在共产国际的帮助下，在湖北汉口原俄租界三教街41号（现鄱阳街139号）秘密召开紧急会

---

[1]　罗时叙：《南昌起义准备阶段若干史实之再探》，载《江西师范大学学报（哲学社会科学版）》，1984年2期；蒋永清：《工会人与南昌起义》，载《中国工会财会》2007年8期。

议，出席会议的有部分中央委员、候补中央委员及中央机关、共青团中央、地方代表共22人，共产国际驻中国代表罗明纳兹等参加了会议。会议由瞿秋白、李维汉主持。会议总结党中央过去一段时间工作中的经验教训，制定了新的路线及今后的工作方针，会议正式确定了实行土地革命和武装起义的方针，指明了今后革命斗争的正确方向，为正处于转折关头的中国革命指明了新的方向，为挽救党和革命作出了巨大贡献。这就是中共历史上著名的八七会议。苏兆征对陈独秀的右倾机会主义错误进行了批判，表示完全同意和支持代表们所发表的正确主张。苏兆征参加了《最近职工运动决议案》的起草工作，还与瞿秋白、李维汉组织委员会负责对《告全党党员书》做文字上的最后修改工作。会议最后改选了党中央领导机关，选举出以瞿秋白为首的临时中央政治局，执行中央委员会的一切职务。根据共产国际的明确要求，会议决定将几个工人领袖安排进入中央领导机关。于是，由共产国际代表罗明纳兹直接提名，其时为躲避国民党反动派辑捕回到湖南乡下的向忠发和同样工人出身的苏兆征、王荷波当选中共临时中央政治局委员。①

在八七会议上，苏兆征高票当选为临时中央政治局委员。8

八七会议会址——汉口三教街41号（今鄱阳街139号）

---

① 经过讨论，会议选举出苏兆征、向忠发、瞿秋白、罗亦农、顾顺章、王荷波、李维汉、彭湃、任弼时九人为临时中央政治局正式委员，邓中夏、周恩来、毛泽东、彭公达、张太雷、张国焘、李立三七人为候补委员。

月9日，由瞿秋白主持召开了第一次中央临时政治局会议，经讨论，由瞿秋白、李维汉和苏兆征三人为临时中央政治局常务委员（后再增加周恩来和罗亦农两位，扩大至五人），挑起了领导中国革命的重担。苏兆征还兼管工委工作，正如邓中夏在《苏兆征同志传》所写的那样："兆征同志从八七会议后，便成为中国党的中心首领之一了。"

在1927年以前，尤其是国共合作期间，当时的中国共产党几乎一心一意致力于群众运动。苏兆征基本上是全身心投入工人运动之中。陈独秀时代的共产党没有掌握政权和军队，是一个没有真正掌握正规武装力量、没有地盘、纯粹以宣传组织动员群众为目标的革命党。虽然在这一过程中，中共奠定了其群众运动的基本模式与路径，积累了丰富的发动群众策略、经验与技巧，也有少量受党影响的军事力量和工人纠察队、农民自卫军。但是，面对国民党反动派举起屠刀杀来，共产党人手中掌握的军队还是远远不足以正面对抗，只能是先闪避，再谋反抗。在八七会议上，毛泽东尖锐地指出："从前我们骂中山专做军事运动，我们则恰恰相反，不做军事运动专做民众运动。"他着重强调："以后要非常注意军事，须知政权是由枪杆子中取得的。"这就是著名论断"枪杆子里面出政权"的由来。

八七会议后，中共中央在短时间里做了许多工作，取得了不少成绩。首先通过各种渠道迅速向全党传达了八七会议精神；领导湖南、湖北、江西、广东等省部分地区农民举行了秋收暴动，建立了苏维埃政权；积极开展了工人运动、学生运动和妇女运动；开始恢复、整顿或重建党的组织；并于9月开始决定放弃"左派国民党"的旗帜，提出建立苏维埃的口号。但是，由于国民党反动派的残酷镇压，和中共中央在指导上的失误，南昌起义和秋收起义相继失败，党的组织遭到严重破坏，党的活动被迫转入地下。白色恐怖十分严重，革命暂时进入了低潮。

八七会议结束后，中共中央着手恢复和健全中央领导机构及其办事部门，实现党的政治路线和组织路线的转变。9月23日，中央常委在武汉召开有瞿秋白、苏兆征、李维汉、罗亦农等人参加的会议，具体讨论并正式作出中共中央机关从武汉迁往上海的决定。会后，苏兆征、瞿秋白和李维汉相继离开武汉前往上海，至10月中旬，中共中央机关最后完成由武汉到上海的迁移。在此期间，苏兆征为了党的革命事业，与党中央其他成员一起，艰苦卓绝地领导各地党组织和人民群众继续坚持反抗国民党反动派的斗争活动，不顾个人安危，经常往来奔走于上海与武汉之间。

国民党反动派的白色恐怖与共产党人的反抗

在国民党反动派的大规模屠杀下，中国共产党和革命群众伤亡惨重。中国共产党的许多优秀干部，群众运动的领袖，成千上万的共产党员、共青团员，革命的工人、农民、知识分子以及党外革命人士，倒在血泊中。1927年11月召开的中央临时政治局扩大会议统计，中国共产党员由大革命高潮时期的近六万人急剧减少到一万多人。革命同志汪寿华、萧楚女、熊雄、陈延年、赵世炎等，先后被国民党反动派杀害。

出于对国民党屠杀政策的愤怒，党内普遍滋生愤慨、急躁、拼命和以血还血、以牙还牙的复仇情绪。同时，在不问青红皂白惩办周恩来、张国焘、李立三、恽代英、谭平山、彭公达、毛泽东等中央领导的情况下，一些犯过右倾错误的人，担心重犯右倾错误，认为"左"比右好，宁"左"勿右，从而为"左"倾错误的发展提供了温床。

三、推选为广州苏维埃政府主席

共产国际在中国革命问题上奉行城市中心论，要求中共中央把工作重心放在城市、放在争取城市工人群众，组织工人群众进行各种经济和政治罢工以至举行武装暴动。

共产国际对中国革命的教条化

共产国际教条化地把苏联经验模式植入中国。共产国际把十月革命所提供的先城市后农村武装夺取政权的具体经验加以模式化、绝对化，机械地要求中国共产党照样模仿，一再指令中国共产党以城市为中心组织武装暴动。在大革命时期，党的力量比较薄弱，党的领导方式不够成熟，党和群众都有冒进行为，党群关系也并未理顺，以弱小的革命力量去直接与掌握武力的军阀统治势力对抗，虽然英勇，却也损失惨重。

在共产国际看来，中国革命的动力只有无产阶级和农民群众，中间阶级和中间势力都是最危险的敌人。但是，历史已经证明，这种忽视第三派别，完全否定民族资产阶级的论断是完全错误的，共产国际对于中国阶级关系分析上的错误和坚持反对民族资产阶级、打压地主的"左"的斗争策略，严重妨碍了团结一切可以团结的力量，利用矛盾同敌人斗争的机会，对中共领导层的决策起到了消极影响。

　　为了总结南昌起义，特别是八七会议以来各地贯彻执行党中央方针的经验教训并制定革命斗争策略，中共中央临时政治局于1927年11月9日至10日在上海召开扩大会议。苏兆征离开武汉赴上海出席会议。出席会议的有：中央临时政治局常委瞿秋白、苏兆征、李维汉；政治局委员任弼时、罗亦农、向忠发、顾顺章；政治局候补委员周恩来、张太雷、李立三、邓中夏、张国焘；重要省委或中央分局的代表蔡和森、彭述之、任旭等。共产国际代表罗明那兹也参加了会议。会议的主要任务是："不但要指出中国革命的性质与前途，指出我党今后斗争的策略，并且要指出根本上重造我们的党，强健我们的党，彻底肃清机会主义，严厉的整顿政治纪律。"

　　会议原则上通过了《中国现状与共产党的任务决议案》《最近组织问题的重要任务议决案》《政治纪律决议案》《关于第六次全国代表大会之决议》《关于土地问题党纲草案的决议》及《中国共产党土地问题党纲草案》。《职工运动决议案》因来不及讨论，由职工运动委员会讨论通过后交临时政治局审定公布。会议给周恩来为书记的南昌起义前委全体成员以"警告"处分；给中共湖南省委会体成员以纪律处分，并将毛泽东、彭公达开除出中央临时政治局。另外以工农分子新干部替换知识分子旧干部，实行大换班。

　　此外，会议还作出两项新的决定：一是提出"一切政权归工农兵士贫民代表会议"（苏维埃）的口号，成为暴动的主要口号；二是决定"没收一切土地，由农民代表自己支配给贫农耕种"。

　　会议决定派陈独秀、苏兆征、李立三为代表赴共产国际。会后，苏兆征正式在上海参加党中央的领导工作，分工领导中华全国总工会和中央财务小组。

　　这次会议，一方面包含着一些正确的思想和主张，如严厉批判了党内的悲观思想，强调要深入批判陈独秀右倾机会主义的错误；重申放弃国民党的旗帜，打出苏维埃的旗帜；号召深入土地革命，进行工农武装暴动，等等。但另一方面也发展了八七会议以来滋长起来的"左"倾情绪，在革命性质、革命形势、革命总策略以及惩办主义的政治纪律上，都充分表现出严重的"左"倾错误。

　　根据共产国际的指示，中央临时政治局扩大会议再次强调党的领导机关工人成分问题，明确提出党的最重要的组织任务是以工农分子的新干部替换非无产阶级的知识分子干部。11月14日中央常委会继续开会，增选周恩来、罗亦农为中央临时政治局常务委员会委员。

　　会后，苏兆征与张太雷一道，根据中央关于举行武装暴动的指示精神，具体研究和制定了关于举行广州起义的总计划和训令。11月17日，苏兆征在详细了解广州现有的革命形势和革命力量之后，向中共中央提交了《广东工作计划决议案》，提出："广东工农群众在此次政变中唯一出路，只有利用这一政变的继续战争机会，坚决地扩大工农群众在城市、在乡村中的暴动，煽动兵士在战争中的哗变和反抗，并急速使这些暴动会合而成为总暴动，以取得广东全省政权，建立工农兵代表会议的统治。"苏兆征建议，"目前广东的局面正是工农进攻的一个极好时机，广东省委应全体动员进行这个运动。"这份决议得到了中央的批准同意。后因工作需要，党中央决定苏兆征赴湖北工作，未能赶赴广州直接参加指挥起义。

　　1927年12月5日，中共中央决定组成以苏兆征为书记，贺昌、郭亮为委员的中央湖北特别委员会，前往武汉处理湖北党内围绕武汉暴动问题的争论问题，并在省委改组期间代行省委职权。12月9日，苏兆征等人抵达汉口，开始按中央决定进行工作。12月10日，苏兆征主持召开湖北省委扩大会议，传达中央临时政治局扩大会议决议，检查唐生智溃逃时省委指导工作的错误和改选省委。经过三天激烈辩论，在部分同志坚决反对的情况下，通过《扩大会议决议案》，指责长江局和湖北省委的工作和政治指导"都非常懈怠迟钝"，"带有极浓厚的小资产阶级失败主义倾向"和"极深的机会主义遗毒"。会议重新选举，组成湖北省委执行委员会。不久，中共中央通知湖北特委撤回上海，恢复湖北省委职权，指定刘伯庄为省委书记，袁达时、符向一、余长彬、贺昌、夏明翰、唐鉴等为常委，领导贯彻所谓武装暴动的"总策略"。会后，罗亦农写了《对于湖北问题的答辩》，陈乔年、任旭、黄五一联合向中央政治局写报告申诉。中共中央政治局于12月中旬进行了认真研究，确认"唐生智崩溃时，武汉不能举行夺取政权的总暴动"，罗亦农等人"对于湖北的政治指导，并没有犯所谓机会主义的错误"。

1927年12月11日，在张太雷、叶挺、黄平、叶剑英、聂荣臻、周文雍等共产党人的领导下，以第四军教导团、警卫团和广州工人赤卫队为主力共计5000多人举行了广州起义，占领了广州城，成立广州工农民主政府——广州苏维埃政府。这是中国共产党领导成立的第一个城市红色政权。苏兆征虽然没有亲自参加指挥广州起义，但由于他在广东工农群众中享有崇高威望，因而被推举为工农民主政府主席。在苏兆征到任之前，由张太雷代理。

广州起义司令部（广东省会公安局）

"东方第一个苏维埃，于1927年12月11日在广州实现了。苏兆征同志便是这个苏维埃政府的主席。"苏兆征虽然没有亲自指挥广州起义，但实际上他是广州公社的主要指导者之一，是东方第一个苏维埃的创始者之一。而在当年省港罢工期间由苏兆征、邓中夏等人亲自培训指挥的罢工工人纠察队，在广州起义中成为一支重要力量。这支纠察队在起义时改编为工人赤卫队，配合起义部队攻打广州市公安局（省会公安局）等重要据点。但由于敌我力量对比悬殊，这个成立只有三天的工农政府就在国民党反动派的围攻下失败了。

对于广州起义失败原因，其时中共党内形成了两种不同声音。广州起义失败后不久担任中共广东省委书记的李立三在1928年1月主持召开了广东省委全体会议，他在起义失败后没有认真了解起义情况，也不理解广州起义的重要意义，就主观地把这次起义说得一无是处，在其主持通过的《省委对于广州暴动决议案》中，主观片面指责此次起义失败是原广东省委"当时指导机关完全是军事投机的方法"，"完全没有发动群众……而把此次暴动变成军事投机"，"在政治上、组织上都犯了严重的机会主义错误，是革命的罪人"。李立三领导的广东省委还实行"惩罚主义"，对领导广州起义的有关负责人都分别给予不同程度的组织处分。①以瞿秋白、苏兆征、周恩来等人为核心的中央临时政治局对广州起义的失败问题持完全不同的态度，他们认为要正确认识广州起义的重大意义，全面分析广州起义失败的原因，以利于教育全党、给群众积极影响以及今后的革命。他们提出，"广州暴动是阶级斗争发展的客观条件的结果，是必然要发生的"，起义的失败在于这次起义触动了各派军阀的利益，在帝国主义的帮助下，军阀们"拼死命用一切办法来扑灭他们所痛恨的苏维埃政权"，而起义队伍的力量远比敌人薄弱得多。苏兆征等人对广州起义的历史意义也给予了正确评价：广州暴动在中国共产党的策略上，实在有极伟大政治上、历史上的意义和成绩，"广州苏维埃存在的期间虽然很短，可是对于整个中国现时革命的发展，有非常重大的意义"，"这次暴动绝不是政权从一派政客之手转移到别派，而是政权之阶级的社会的转移，这是全中国以及全亚洲的第一次伟大尝试：用被剥削者的政权代替剥削者的政权"。苏兆征还对李立三这种不了解情况就妄下结论的做法给予了严厉的批评，他指出："这种不分青红皂白以成功定英雄的做法，

---

① 广东革命历史博物馆编：《广州起义资料》（上），人民出版社1985年版，第206~213页。

使党员和群众看不清斗争方向。"1928年1月3日，中央临时政治局通过了《广州暴动之意义与教训》的文件，并发各级党组织讨论、征求意见，准备再作补充修改，但为李立三所强烈反对。①

在苏兆征等人的努力下，中央决定派邓中夏前往广东代理省委书记一职，负责纠正李立三的错误，撤销了原已作出的对起义中英勇表现领导人的处分。

四、主持中央工委工作

八七会议之后，中共中央考虑到上海革命力量比武汉较为强大，也比较容易隐蔽，更有利于开展革命工作，因而决定将中央机关从武汉迁往上海，苏兆征、瞿秋白等人相继离开武汉到上海指挥全国革命工作。

此时的上海，由于蒋介石发动反革命事变，大批共产党员和革命分子遭到逮捕和杀害，上海总工会也受到严重摧残而被迫转入开展地下工作。有些工会骨干受到"左倾盲动"思想的影响，没有认识到革命的长期性、艰巨性和复杂性，没有注意到在革命低潮时应改变斗争策略，由明转暗，由进攻转入防御，而是冒险地带领工人与反动派硬碰硬，使工人运动受到巨大损失同时又暴露自己身份，受到帝国主义和国民党反动派的双重剿杀，上海总工会基本上陷入停顿状态。在这种极端困难的情况下，中共中央决定让苏兆征再次回到上海，主持中央工委和中华全国总工会的工作。为方便他进行地下工作，党中央还特地将苏兆征的妻子钟荣胜与儿女从香港接到上海，在福煦路马吉里租房居住，以作掩护。

苏兆征返回上海以后，于1928年2月秘密召开中华全国总工会执行委员会第一次扩大会议，研究工会在当前形势下的任务和工作部署。苏兆征提出，在工人群众中组织工厂委员会，用这一名称代替赤色工会，一方面能团

---

① 广东革命历史博物馆编：《广州起义资料》（上），人民出版社1985年版，第220、262~263、265页。

结不同工会派别和不同政治见解的广大工人进行活动，另一方面还能有效保护工会自己。苏兆征的提议得到了大家的一致认可，会议通过的关于目前总任务的决议案提出："目前在群众运动中，工厂委员会的组织是十分必要的。"会上，还讨论赤色工会扩大与组织问题。苏兆征被推选为中华全国总工会出席赤色职工国际第四次代表大会的代表。

2月4日至6日，苏兆征又在上海秘密安排和主持召开了泛太平洋劳动会议秘书处第二次会议，美国、菲律宾、澳大利亚等国工会代表参加。苏兆征代表中华全国总工会，介绍当前中国工人阶级在十分困难的情况下坚持反抗斗争的情况与经验。他提到，"蒋介石到达（上海）以后，他的第一个运行便是杀害数百工人，在上海，国民党从未停止逮捕与杀害工会的领袖"，"国民党已经成为资产阶级、军阀、帝国主义和地主的刽子手，他们……禁止一切工会，拒绝给工人所有的所谓自由"。他讲到，尽管白色恐怖盛行，赤色工会却依然存在，但不是公开地而是秘密地存在着。苏兆征提出，当前中国工人运动的直接任务是加强工会的组织。他还提出了五个方面的任务：第一个任务是使我们的工会更深地在群众中生根。要克服过去习惯于合法条件下进行活动的缺点，要使自己的工作更深入地在群众中扎下根来；第二个任务是广泛地建立自卫武装，以便抵抗白色恐怖，保护工会的存在，并为将来的更大行动作准备；要增进和巩固与农民的关系，建立紧密的联系；在士兵中工作；破坏国民党和将军们在工人中的反动工具。他还强调："我们不仅要准备反军阀的起义，而且也要为工人的小的直接的需要进行日常斗争，对工会的这一基础工作的任何忽视，都将是犯罪的行为。我们必须使群众支持我们最具体最直接的要求，并由此前进到更广泛的行动。同时，我们不要把自己局限于直接的要求，而要经常地宣传最长远的口号。"[①]参加会议的外国工会代表对中国工人阶级的英勇斗争精神，对苏兆征带领工人群众进行

---

① 苏兆征：《关于中华全国总工会的报告》，《苏兆征文集》，人民出版社2013年版，第107、117页。

艰苦卓绝的斗争所起的作用给予了高度评价。

　　为了避免多人集会引起军警注意，苏兆征采取单一的联络方式与工会干部联系，虽然无形中增加了工作量，但为了保护同志的安全丝毫没有怨言。他对工会干部讲："困难是暂时的，不论黑夜有多么漫长，终将被黎明所代替，我们一定要相信最后胜利必将属于人民。"苏兆征注意做上海海员工人的工作，他常跑到码头找海员谈话，向他们进行宣传教育，传达党的斗争策略与任务，布置他们在船上恢复工会、建立组织，开展活动进行斗争。在苏兆征的努力下，一些工会组织改变工作方式，许多工厂的工人组织和活动也逐渐恢复起来并开展斗争。

　　在上海期间，苏兆征还被中共中央委托管理中央财务的工作。他深知党的每一笔经费都是来之不易，管理和使用是否得当，直接关系到党的利益、关系到工作任务能否顺利完成。他经常对中央财务小组的同志讲，管理财务有三个法宝，就是"公平、廉洁和严肃，能够善于运用这三个法宝，任何复杂的工作、任何困难的财务，就都能管好"。[①]在他的领导下，中央财务小组的工作进行得井井有条，每一笔经费都得到妥善使用；工会组织及工人运动在艰难困苦的低潮中得以延续。

---

① 龚饮冰：《纪念苏兆征同志逝世三十周年》，载《苏兆征研究史料》，广东人民出版社1985年版，第395页。

第 七 章

赴莫斯科出席中共六大

一、任中共驻共产国际全权代表

二、再次当选中央政治局常委

三、参加共产国际六大

　　根据中共中央的安排，1928年3月，苏兆征来到当时中国共产党人心目中的"世界革命圣地"——苏联莫斯科，担任中共驻共产国际全权代表，并参加了中共六大筹备工作。1928年6月，苏兆征出席了在莫斯科召开的中共六大，仍当选为中央政治局委员、常委并兼任工委书记。在党的六大上，苏兆征就中国共产党与中国革命的有关问题发表一系列看法，他所提出的不少观点闪烁出真理的光芒。同年7月，他又作为中国共产党代表团团长参加了共产国际第六次代表大会，当选为共产国际执委会委员。1929年2月初，苏兆征回国，到上海后他当即投入到紧张的地下工作中，主持召开了中华全国总工会执委会第二次扩大会议。

一、任中共驻共产国际全权代表

　　依照1927年11月中共中央临时政治局扩大会议上政治局常委会作出的向共产国际派驻全权代表、以便及时反映中共遇到的各种重大问题的决定，中央派陈独秀、苏兆征、李立三为代表赴共产国际。本来，政治局委员向忠发已经在莫斯科，并且发挥着临时中央代表的作用，但政治局不相信几个月来始终没有参加过政治局会议的向忠发能够准确、全面地反映中国革命的实际情况。为此，他们决定派临时中央政治局常委苏兆征来担任这一职务。鉴于陈独秀明确表示不去莫斯科，临时中央政治局致函共产国际：中共中央决定以苏兆征、向忠发和李震瀛三人组成中共中央驻共产国际代表团，以苏兆征、向忠发为全权代表，苏兆征为书记，李震瀛为秘书。①

---

① 不让已经在莫斯科的向忠发担任中共中央驻共产国际全权代表，却把苏兆征派来位居自己之上，向忠发当然很不满意。但令向忠发欣慰的是，由于斯大林、布哈林已经认可向忠发，又因为向忠发与共产国际上上下下已经熟络，共产国际依然喜欢与他而不是与苏兆征打交道。结果，苏兆征身为代表团书记，并在各种正式文书中挂名于前，但做实际工作的仍旧是向忠发。此时的斯大林、布哈林已经严重地不信任中国共产党内的知识分子，试图寻找工人领袖来领导中国共产党。在斯大林、布哈林、米夫等人看来，中国大革命之所以失败，失败之后之所以继续发生瞿秋白的盲动错误，根本原因是中国共产党没有摆脱小资产阶级知识分子的影响，决心通过中共六大全面改造中国共产党的领导机关，把工人阶级出身的革命者推举到最高领袖的地位上来，使中国共产党的领导权真正保持在无产阶级手中。种种迹象表明，中共六大召开之前，斯大林、布哈林和米夫已经内定向忠发为中国共产党最高领导人。

1928年3月7日，苏兆征抵达莫斯科任中共驻共产国际全权代表。苏联是当时中国共产党人所向往的社会主义国家，是一个红色国度，莫斯科是国际共产主义运动的中心，世界革命的圣地。从上海到莫斯科，没有记载显示苏兆征是如何到的莫斯科，但也想必是轮船、马车、火车等交通工具水陆并用。

作为中共驻共产国际全权代表，苏兆征积极向共产国际和联共（布）中央反映沟通情况，宣传中共和中国革命情况，协助处理东方劳动者共产主义大学中国部学生冲突问题，代表中共中央向共产国际争取经费等。

从共产国际档案中我们看到，1928年3月7日苏兆征与向忠发联名给共产国际执委会东方书记处的信，算是报到，同时也协助联共（布）中央调解委员会处理东方劳动者共产主义大学中国部学生冲突问题。①3月28日与向忠发一起接受诺林有关中国共产党进行革命宣传鼓动工作的访谈，介绍党的宣传工作情况，讲到了党的宣传工作缺点，应该注意在农民中进行宣传。②

1928年4月，苏兆征在莫斯科参加了赤色职工国际第四次代表大会，并当选为大会主席团成员和赤色职工国际执行委员会委员。

> ### 中共与共产国际关系
>
> 　　在共产国际的帮助下，中国共产党在1921年7月正式成立，并于1922年7月中共二大通过加入共产国际的决议，正式成为共产国际的一个支部，接受共产国际的指示。同时此次大会还通过《关于"工会运动与共产党"的决议》，指出"共产党是所有阶级觉悟的无产阶级分子的组合，是无产阶级的先锋军"，"共产党也可以说是一个人的头脑，全体工人便是人的身体"。③中共自1921年7月成立时，就试图引入俄国共产党的组织方式，在党内、党外建立共产党的组织制度。直到1927年6月1日，中共五大后第一次中央政治局会议制定的《中国共产党第三次修正章程决议案》中，才第一次正式把民主集中制作为党的指导原则写入党章。④

---

① 《苏兆征文集》，人民出版社2013年版，第120页。

② 《苏兆征文集》，人民出版社2013年版，第122~123页。

③ 《关于"工会运动与共产党"的决议》（1922年7月），中央档案馆编：《中共中央文件选集》第1册，中共中央党校出版社1989年版，第80页。

④ 《中国共产党章程汇编（从一大—十七大）》，中共中央党校出版社2007年版，第26页。

在1928年5月7日与向忠发联名写给共产国际执行委员会的信中提到，已就中共财政困难问题打过书面报告并附上新预算，但还没有得到答复，他们讲道："中国共产党在目前时期比在任何时候都更需要物质援助。党希望共产国际能像它过去在物质方面援助国民党那样来援助它。"[①]同日，两人也给赤色工会国际执行局写了信，介绍了中国革命形势和工会工作存在消极因素，如不善于吸收基层工人参加工会领导工作，部分工会领导人采取强制方式发动工人举行罢工，对广大工人群众关心的迫切经济问题没有给予足够的注意等。[②]

1928年6月5日，苏兆征和向忠发联名给共产国际执行委员会写了一封长函，汇报了十个方面的情况，其中特别讲到了中共代表团几个月的工作情况并提出了意见，当中讲道："我们在莫斯科这里已经几个月了。我们觉得很难推进工作。所有问题，不管其性质如何，我们都得先提交东方部，只有取得它的允许后，我们才贯彻执行。但是另一方面，所有问题不管是大问题还是小问题、紧急问题还是不紧急问题，东方部解决得都很缓慢，甚至推迟几周、几个月。"由于不懂语言，共产国际执委会也没有成立常设的中国问题委员会，本身中共代表团也没有常设的固定翻译，所以每次参加会议都完全没有准备，事先没有得到中文资料。召开会议也是会前才知道，有时就根本没有通知，"在这种情况下，我们不可能全面地定期地将所有中国问题提交讨论"，也不可能充分了解到西方国家革命运动情况特别是苏联建设经验。函中又一次提出了中共的经费问题：经费问题我们几乎是在半年前就提出了。我们还没有解决办法。红色工会国际已经有三四个月不给中国职工运动寄最低限度的经费了。中共只好在非常困难的条件下工作。它遇到了极大的财政困难。苏兆征再次在函中提出："请共产国际给以认真注意，批准新的预算并及时给党拨出补助金。"[③]

---

① 《苏兆征文集》，人民出版社2013年版，第132~133页。
② 《苏兆征文集》，人民出版社2013年版，第134~135页。
③ 《苏兆征文集》，人民出版社2013年版，第137~146页。

二、再次当选中央政治局常委

1927年大革命失败后，中国共产党开始走上了独立领导中国革命的道路。在关于中国社会性质以及革命性质、对象、动力、前途等关系革命成败的重大问题上，迫切需要召开一次党的全国代表大会认真加以解决。由于国内当时正处在极为严重的白色恐怖中，很难找到一个安全的开会地点，加上1928年春夏间将相继在莫斯科召开赤色职工第四次大会、共产国际第六次大会和少共国际第五次大会，考虑到届时中国共产党都将派代表出席这几个大会，而且中共中央也迫切希望能够得到共产国际的及时指导，于是决定党的六大在莫斯科召开。1928年3月，共产国际来电同意中共六大在苏联境内召开。

中共六大会址——莫斯科近郊的兹维尼果德镇列布若耶别墅

4月2日，中共中央临时政治局常委会开会研究召开六大的问题，决定李维汉、任弼时留守，负责中央日常工作，邓小平为留守中央秘书长。1928年4月下旬起，瞿秋白、周恩来等中央领导人和100多位参加六大的代表相继分批秘密前往莫斯科。不少代表一路跋涉、历经艰辛磨难才到达莫斯科。

到了1928年6月5、6日，各省代表到达莫斯科的已近60人，接近会议全部代表142人的一半。6月7日，瞿秋白、苏兆征、周恩来召集已到莫斯科的六大代表谈话会，参加者有向忠发、李立三、邓颖超等。会议讨论了政治、组织、职工、农运等决议草案的起草问题，确定6月12日前后成立大会秘书处和各个委员会并开始工作，苏兆征参加了这次会议，并在确定成立的政治等委员会中，参加了六个。这些委员会的主要职责便是讨论和起草相关的决议案。

在联共（布）中央领导和共产国际的视野中，苏兆征是海员工人出身，这是一个重要的身份。工人出身的斯大林，无疑对同是工人出身的向忠发、苏兆征等人刮目相看。

6月9日，苏兆征和瞿秋白、李立三、向忠发、周恩来等中共领导人受到斯大林接见。斯大林在和中共领导人的见面会上发表了重要讲话，主要分析和论述了中国革命的性质、任务和形势等问题，回答了当时的中国革命形势是"高涨"还是"低落"等问题。斯大林认为：现阶段的中国革命是资产阶级民主革命，不是社会主义革命；目前，我们不能说中国革命已经处于高潮。革命高潮是将来的事，而不是眼前的事。现在的形势是处于两个革命高潮之间即低潮时期。农民运动和土地革命最重要的结果是创建红军，如果能够把参加农民运动的人们争取过来，并且集中部队打下几个城市，那么这将对今后的局势有更大的意义。他强调，在任何时期，农民都是不能领导工人和革命的，革命必须要由工人阶级来领导。斯大林的讲话在某种意义上也定下了中共六大的基调，这就是在革命低潮时期，要把发动群众放在首位，争取农民参加红军，以便积蓄力量攻打城市；中国革命的性质是农民战争；中国共产党的成绩大小要取决于它在领导这场战争中能够组织多少听它指挥的武装力量；必须强调工人阶级的领导。斯大林的看法对中共六大具有重要的指导意义。

6月14日和15日，布哈林以共产国际代表的身份召集了一次政治谈话会。苏兆征和瞿秋白、周恩来、蔡和森、李立三、项英、黄平、邓中夏、向忠发、王若飞、张国焘、何资琛、王灼、甘卓棠、关向应、夏曦、章松寿、徐锡根、唐宏经、张昆弟、王仲等中共领导人和部分六大代表共21人出席。

这实际上也是一次小范围的中共六大预备会议。在会上，布哈林提出了关于当前革命形势的估计、关于过去的经验教训即党的机会主义错误问题、党在今后的任务和方针三个问题，要求到会者发表自己的意见。在两天的谈话会上，所有的与会者都发了言，围绕上述问题交换了意见。大家对党的机会主义错误发生、发展和形成的过程及其教训，对于八七会议后党的路线、政策的评价和对当时革命形势的分析与估量，党的组织改造与建设问题，职工运动等都发表了意见。

苏兆征在会上有两次发言，谈了他的意见。他强调指出："共产党是工人阶级的政党。它应该领导职工运动，并应该有关于职工运动的统一策略"，但遗憾的是这方面做得很不够。也许是认为"中国工人文化水平太低，职工运动还不需要扩大"，直到1925年发生海员职工运动的高涨，才意识到这个错误。但仍然存在问题，这就是"在职工运动组织问题上犯了错误"，即仅仅是掌握工会组织机构，而不是教育工人群众。

关于机会主义的问题，苏兆征认为："工人自己罢工，要求增加工资和及时领到工资，但党没有为工人提出任何口号，难道这不是机会主义吗？"苏兆征还很不满意有的人发言认为陈独秀和谭平山是共产国际的牺牲品。他认为："八七会议有共产国际的坚强领导，总的策略方针是对的。但是对待国民党、对待土地问题的态度是不明确的。"[1]

关于机会主义的根源问题，苏兆征认为："机会主义的根源不可能在一个固定的地方或者一个固定的事实上找到。它的根子就在领导同志身上，在党的生活中，党的领导高层孤陋寡闻，忽视工农的意愿，所以有意无意地埋下了机会主义的根子。""上海起义的主要错误，是没有决心夺取领导权。"对于陈独秀的"二次革命"论，苏兆征认为"这个理论在领导机关里有影响。但是基层同志那里更多的是大众化的意识"。对那种认为陈独秀

---

[1]　中共中央党史研究室、中央档案馆编：《中国共产党第六次全国代表大会档案文献选编》（上卷），中共党史出版社 2015 年版，第 74 页。

要对武汉时期党的工作负全责的观点，苏兆征是不同意的。他还明确表示"八七会议有共产国际的坚强领导，总的策略方针是对的。但是对待国民党、对待土地问题的态度是不明确的"。①

在南昌起义、秋收暴动、广州起义等问题上，苏兆征也注意具体问题具体分析，着重总结经验教训，同时也勇于承担相应的政治责任。他指出："把南昌起义说成纯军事行动，这是不对的，因为当时我们已经知道土地革命的口号，我们有政治口号。虽然我们没有接到中央的指示，但是我们应当对此承担政治责任。"他还认为，"关于广州起义。总体上没有政治错误。起义并非为时过早，也不是盲动，只是组织方面有错误。失败的主客观原因，我同意陈独秀的看法。"②苏兆征敢于坚持原则，不会因个别领导人受冷落就投井下石、以人划线，他在预备会上的坦诚发言，和他在大会讨论中的其他发言主要精神是一致的。

（一）参加中共六大大会主席团主持代表资格审查

中共六大召开期间，党章规定的党的全国代表大会是最高权力机构；其次是大会主席团，负责大会召开期间重要事务和决策。在开幕前一天，1928年6月17日，周恩来主持召开各省代表团书记联席会议，初步通过大会主席团、秘书长、副秘书长以及代表资格审查委员会委员名单。当晚，专门召开了大会预备会议，各省代表、中央委员、特约到会人员、团中央委员和指定参加人共60人出席。会议由瞿秋白主持，审议并通过了大会主席团、秘书长、副秘书长名单、大会议程和代表资格审查委员会的组成等。大会主席团由22人组成，斯大林、布哈林为主席团成员，其他20人中著名代表有瞿秋白、周恩来、苏兆征、邓中夏、蔡和森、李立三、向忠发、关向应、项英等。主席团成员中，工人出身的十人，农民出身的三人，知识分子六人（包

---

① 中共中央党史研究室、中央档案馆编：《中国共产党第六次全国代表大会档案文献选编》（上卷），中共党史出版社2015年版，第73~74页。

② 中共中央党史研究室、中央档案馆编：《中国共产党第六次全国代表大会档案文献选编》（上卷），中共党史出版社2015年版，第74页。

括斯大林、布哈林），学生一人。按照斯大林和共产国际关于"中共领导机关工农化"的要求，工农出身的代表占主席团成员的三分之二。大会秘书长为周恩来，副秘书长黄平、罗章龙。实际上斯大林没有参加具体工作，但布哈林一直在会上。苏兆征还被确定为代表资格审查委员会主席，并参加起草决议的若干个委员会工作。

1928年6月18日至7月11日，中国共产党第六次全国代表大会在莫斯科近郊兹维尼果罗德镇"银色别墅"秘密召开。出席大会的代表共142人，其中有表决权的正式代表为84人。由共产国际审定的六大代表84人，工农分子即占50人，知识分子只有34人。①在将近一个月的时间里，中共六大代表敞开思想，就中国革命的前途踊跃发言、深入讨论。

6月18日，中共六大隆重开幕。先是唱国际歌、通过大会主席团、审查委员会等名单和追悼牺牲的同志，然后由中共中央、共产国际、意大利共产党、联共、少共国际、中国少共、中华全国总工会代表分别致词。作为中华全国总工会代表，苏兆征"代表中国的工人阶级"，向中共六大"致极诚恳的敬礼！"他指出："中国工人阶级过去英勇斗争的历史，曾经摇动了统治者——帝国主义、军阀、豪绅资产阶级、地主的基础。现在工人阶级经过了几次失败，但是工人阶级还在用尽所有的方法在团聚自己的力量，准备对敌人作最后的战斗。中国共产党——我们工人阶级唯一的领导，将要在新的

---

① 1928年6月30日周恩来在六大上作的《组织问题报告和结论大纲》、1928年6月30日六大通过的《组织问题报告大纲》、1928年6月大会资料《全国党员数量统计》中，都提到了当时的全国党员人数。根据这些文献资料，到六大召开时，全国共有省委16个（包括临时省委），特委37个，县委400个，市委36个，区委41个，特别支部138个，全国党员130194人。周恩来在组织问题报告中说："党员的数量现在我们有很夸大的数量，但没有法子保证是正确的。"他强调："我们的总数有十三万零一百九十四人，农民居多数，但海陆丰、醴陵一定要有很大的损失。所以，总数是不能正确的。"周恩来后来进一步说明："中国党乡村支部的统计非常困难，所以数目很难正确。"中华人民共和国成立后，对中共六大时全国的党员人数，有一种"四万人"的传统说法。但是这种说法，始终没有任何直接的文字依据，这只是有关专家所作的一种推断和估计而已。在《中国共产党历史》第一卷（中央党史出版社2011年版）中，特别注明："六大召开时，全国党员没有准确的统计数字。"

（革命）高潮里，尽他的指导的作用，领导全国工人阶级的斗争。虽然过去有许多错误，但是这次大会必定能够扫除这一切过去的错误，确定正确的方针，来领导我们——中国的无产阶级作最后的斗争！"①

当天晚上，中共六大的大会主席团召开第一次会议，讨论了大会议程、会场规则、议事细则、审查委员会、主席团分工、各委员会名单等问题。会议决定将主席团成员划分为五个组，每天上、下午各由一个组主持会议。会议期间为保密而以25号为代号的苏兆征，分到和斯大林、布哈林、项英、王凤飞5人组成的第一组。

同时，中共六大期间成立的各种委员会达到14个，包括政治，组织，职工运动，农民土地问题，苏维埃，军事，宣传，青年，妇女运动，财政审查，湖南、湖北、南昌暴动问题，广州暴动问题委员会，基本上涵盖了党的各方面的工作和关注的重要问题。苏兆征参加了政治、职工、苏维埃、青年、妇女、财政审查、广州暴动问题等7个委员会，并担任由57人组成的苏维埃问题和由41人组成的广州暴动问题委员会的主席（书记）。②担任苏维埃委员会的召集人，比起委员会的一般成员，责任自然更重。

6月19日，共产国际代表布哈林向大会作政治报告《中国革命与中国共产党的任务》。当晚中共六大主席团召开第二次会议，首先听取了代表资格审查委员会主席苏兆征关于出席代表情况的报告。苏兆征指出，出席大会的代表分为4种：（1）各省选出的正式代表；（2）中央指定参加的代表；（3）第五届中央委员会委员；（4）特约代表。苏兆征还报告了表决权问题，大致情况为以下两种：（1）各省正式代表有表决权有发言权；（2）中央委员、参加者，有发言权无表决权。指定及旁听代表开始是既没有表决权也没有发言权的。因为李立三在会上提议：中央指定的中山大学和东方大学参加大会

---

① 中共中央党史研究室、中央档案馆编：《中国共产党第六次全国代表大会档案文献选编》（上卷），中共党史出版社2015年版，第146页。
② 李蓉：《苏兆征对中共六大的重大贡献》，《中国井冈山干部学院学报》（第12卷1期，2019年1月）。

的学生，全部都给以发言权。会上多数代表赞成并通过了这一提议。

这次会议还讨论了与表决权问题关系密切的代表名额问题。周恩来在会上讲道："中央的通告各省的选举以500人中选举出席大会代表一人，须在接到中央通告后再行出发，结果有几省还未接着通告他就到中央去了"，"后来广东、上海要求多派人参加，我们中央是许可了的"。苏兆征在发言中则指出，"500人中一个代表是指大的地方党员多的地方，同时我们是以工作重要以党员的多少来规定的"。①广东代表团是中共六大代表团中人数最多的一个团。按苏兆征的说法，首先是工作的重要，其次才是党员数量。广东的工作重要、党员也多，所以选出来的代表也多，而不仅仅是因为党员数量多的缘故。中央对此也是同意的。

会上讨论时，周恩来提议将广东有表决权的15名减为10名；邓中夏则提议维持审查委员会原规定的15名，向忠发提议所有的正式代表都有表决权。讨论的结果是：3人赞成减到10名；8名赞成原定的15名。可见苏兆征的上述说明是产生了一定效果的。

6月21日下午，苏兆征主持召开大会主席团第三次会议。会议决定：当天下午不开大会，各省代表团或代表应利用这个空隙，作本省工作与组织状况的报告。会上还讨论了国内5月26日来信，其中报告了国内情形和对共产国际的要求。会议决定将关于政治事项交墙报发表。会上还讨论派一人来莫斯科学习特别业务，现已规定即来；上海的特务费需同共产国际交涉；派人来莫斯科学习军事问题，早已交涉好，电招来莫斯科。会上还听取了关于大会各委员会组织人数和各省参加者的报告。可见苏兆征在他主持的会议上，并不限于大会本身，如派人到莫斯科学习军事等，对中国革命开展武装斗争将会有很大意义。

---

① 中共中央党史研究室、中央档案馆编：《中国共产党第六次全国代表大会档案文献选编》（上卷），中共党史出版社2015年版，第169页。后来（1944年3月），周恩来在《关于党的"六大"的研究》中指出，代表成分是不很健全的，不健全的地方在于"太重视工人成分"；在选举中，有多选工人为中央委员的倾向。见同书第1065页。

除了筹备会议之外，苏兆征在中共六大上有五次发言：一是6月18日在大会开幕式上代表中华全国总工会的致辞；二是6月26日在讨论政治报告时发言；三是7月6日在讨论职工运动问题时发言；四是7月10日为汪泽楷、陈独秀问题发言；五是7月11日在六大闭幕式上的发言。

6月26日，中共六大召开大会讨论政治报告。这一天共有14名正式代表和参加代表发言。其中，湖北的法荣廷是书面发言，江苏的王若飞、关向应、项英3人是发表声明。苏兆征、王仲一、向忠发、华少峰、罗章龙、王子清、阮啸仙、邓颖超、曹更生是大会发言。苏兆征在发言中就机会主义的来源和责任等问题阐明了自己的观点。

7月6日，苏兆征在讨论职工运动问题时发言，着重讲到党如何领导职工运动问题。

大会通过了《政治决议案》《苏维埃政权组织问题决议案》《土地问题决议案》《农民问题决议案》《职工运动决议案》《组织决议案提纲》《宣传工作决议案》《军事工作决议案（草案）》《共青团工作决议案》《妇女运动决议案》《关于民族问题的决议》等。大会还通过了《中国共产党党章》第四次修正案，通过了《定"广州暴动"为固定的纪念日的决议》以及关于党纲、大会宣言问题的决议。大会选举了新的中央委员会，选出中央委员23人，候补中央委员13人。大会同时还选举了中央审查委员会：孙津川、刘少奇、阮啸仙为正式委员，叶开寅、张昆弟为候补委员。随后，六届一中全会选举了中央政治局及其常务委员会，向忠发、周恩来、苏兆征、项英、蔡和森为中央政治局常委。中央政治局会议选举向忠发为中央政治局主席兼中央政治局常委会主席。①

———————————

① 周恩来在《对于党的"六大"的研究》一文中指出："在六大会议上是有'山头'倾向的，不能完全平心静气地讨论问题，特别是与自己有关的问题，把反对机会主义与盲动主义看成人身攻击。那时机会主义的代表是张国焘，盲动主义的代表是瞿秋白同志，两人争论不休。"见中共中央党史研究室、中央档案馆编：《中国共产党第六次全国代表大会档案文献选编》（下卷），中共党史出版社2015年版，第1063页。

　　7月10日，在选举结束后，汪泽楷要求发言。在汪泽楷发言后，苏兆征和刘伯坚、瞿秋白等人也发表了意见。苏兆征认为：汪泽楷说他是为了党的利益，实际不是！他和瞿秋白等人在肯定陈独秀工作成绩的同时，对其错误进行了批评。[①]

　　1928年7月11日，中共六大举行闭幕式。苏兆征代表第六届中央委员会在闭幕式上致词："中国共产党第六次大会今天闭幕了。我们在无产阶级的祖国，在世界革命指导者的指导下，得到了新的正确的路线了。我们相信以后一定能够走着这条路线得到胜利。现在我们是在资产阶级民权革命的□□上，我们需要的是苏维埃政权。我们一定要武装起来，才能达到这些目的，制胜敌人。我们一定要夺取成千上万的群众包□□我们的周围。我们只有这（样）才得到革命的最后胜利。过去的错误，大会把他收集起来埋葬了。现在新的路线和策略是大会在国际指导下给我们的，我们要努力去实现他。"苏兆征还指出："民主集中制，我们是要遵守的。中共是国际的支部。我们只有站在国际指导下才能完成我们的使命。同时，我们中国党也只有本着这种精神，才能集中群众力量打倒敌人，建设苏维埃，完成革命。"[②]代表们对苏兆征的致词多次给予掌声。

　　根据大会原来的安排，苏兆征还应有一个关于苏维埃问题的报告。但目前除了大会通过的苏维埃问题的决议案以外，尚没见到这个报告。

（二）大会发言提出对中国革命若干重要问题的看法

　　苏兆征在中共六大筹备会上的发言，以及在开幕式和闭幕式上的致辞，在讨论政治报告和职工运动报告中及选举后的发言，都反映出他对中国革命若干重要问题的深入思考、对革命经验教训的总结，是党早期中国革命理论的重要组成部分。他的这些思考和意见相当深刻，可称是真知灼见，今天看

①　中共中央党史研究室、中央档案馆编：《中国共产党第六次全国代表大会档案文献选编》（下卷），中共党史出版社2015年版，第839页。
②　中共中央党史研究室、中央档案馆编：《中国共产党第六次全国代表大会档案文献选编》（上卷），中共党史出版社2015年版，第156页。

来仍然显耀着真理的光芒。

1. 中国共产党应该在斗争中去夺取政权

苏兆征在关于政治报告的讨论中有针对性地指出："有些人说机会主义是因为中共党未有党纲，阶级不明，我反对这种说法。"苏兆征反对那种说中国共产党没有党纲、阶级不明的说法。他指出："我们知道，共产党他是一个无产阶级的政党，又是工人阶级的政党，他有他独立的阶级性的，若他不要阶级斗争，他成了一个模糊的党了。"在中国这样的半殖民地半封建国家，共产党的首要任务是反帝反封建，通过革命的武装斗争，推翻反动统治，建立革命政权。所以，"我们应该在斗争中去夺取政权，这是应有的责任"。但是，当时的党中央却没有夺取领导权的决心，所以放弃了责任。苏兆征指出：在1926年出现了蒋介石包围省港罢工工人、已经向我们进攻之时，还在对工人解释误会，"并取退让了事"。①虽然大革命失败的根本原因是敌强我弱，但共产党仍应担当一定的责任。苏兆征实际上是批评当时的党中央没有担当起应有的责任，因而造成了大革命的失败。这个观点是有一定道理的。

2. 要发挥中国工人阶级的重要作用

工人阶级是革命的领导阶级。苏兆征认为："我们的党把无产阶级工人运动当作一种民众的平常的作用，因此未有阶级显明的表现。"他认为，中共三大时"说中国是民族革命""联合战线不应有无产阶级的工会独立"，这个观点是不对的。换句话说，在和其他民主力量建立的反帝反封建的联合战线中，应当允许无产阶级的工会拥有独立性，不能把工人运动当成一般的民众运动。当时，党在领导工人运动时，存在着党组织代替工会的情况，在工会组织中没有工人群众，全由党组织代替。苏兆征谈到，"我有一次问项英，上海工会办事六十个中有没有非同志工作，他说没有。我们知道，党决不是工会，在当时党与工会，简直弄不清，工作中也是这几位同志"。实际

---

① 中共中央党史研究室、中央档案馆编：《中国共产党第六次全国代表大会档案文献选编》（下卷），中共党史出版社 2015 年版，第 597 页。

上，"我们的党过去没有好的去注意职工运动"。①苏兆征对此提出批评。在他看来，党组织和工会组织的关系，不能完全等同，更不能混为一谈。否则，不能很好地领导工人运动，更不能充分发挥工人阶级在中国革命中的重要作用。不论是从理论还是实际效果来看，苏兆征的意见都是正确的、中肯的。

3. 必须做好党的群众工作

苏兆征重视党的群众工作，自己一直也在第一线组织开展工人运动，对党组织如何调动群众的革命积极性有深入的思考。他指出："党的组织问题，有许多地方工会、农民协会与党混合，闹得分不清楚。我们反对派人占领机关，以为占住了机关下命令，就可以调动群众，这样就是我们取得了群众，把党与工会弄不清。工会中负责人，没有一个非党群众做常委。"这样的处理对党的群众工作是不利的。苏兆征认为，党组织和其他的群众组织应该有所区别，"工厂委员会是唯一的下层的广大的工人群众组织，夺取群众的最好方法"。可有的地方却把工厂委员会和赤色工会等同起来，甚至将其和党的组织等同起来，只吸收党员参加。这看起来只是组织形式上的问题，实际在动员群众的效果上大相径庭。以为下个命令就可以调动群众、解决问题，实在是一种简单和幼稚的想法。动员和组织群众，必须采取深入细致的方式方法把党和工会混合起来，强迫工人加入工会，否则即反革命，这显然是错误的作法。在苏兆征看来，党包办一切，"实是看不起群众，不相信群众力量"。所以，党组织要充分相信群众的力量，才能更好地调动群众的积极性。中共六大的会议结果之一，就是"把争取群众作为党的工作中心"。

4. 改进党的宣传教育工作

苏兆征很早就认为，党在群众中的宣传工作有不足之处。中国共产党的宣传教育工作怎么做、方法是什么、问题在哪里？苏兆征在中共六大的发言中指出：问题的症结，在于是否照顾到社会群众的需要，这是过去宣传教育

---

① 中共中央党史研究室、中央档案馆编：《中国共产党第六次全国代表大会档案文献选编》（下卷），中共党史出版社2015年版，第598页。

工作存在的一个主要问题。他认真总结了以往做法教训，并带有自我批评意味表示："宣传教育工作，我们过去派个（人）去工作，就算了，也不告诉他弄[怎]样工作，他自己也不知道怎样去宣传，他哪能宣传及向群众起作用？在香港罢工时，我们印了许多的宣传品，后来放在那里一大堆不去发，因为工人看不懂。《上海工人报》每月几万份，均是有名无实。我们今后绝对反对那些只顾个人谈理论非社会群众所需要的宣传作品。"①苏兆征不仅批评了宣传教育工作存在的问题，而且提出了宣传教育工作的宗旨及要达到的目标，这就是满足社会群众的需要。社会群众的需要也就是人民的需要，以满足人民的要求为目标，就会尽可能采取更有效、更通俗易懂的大众化宣传教育方式方法。

5. 正确认识革命形势

在六大准备会上，苏兆征听取了斯大林有关中国革命形势发展的讲话，结合中国实际，得出自己的思考。苏兆征认为当时革命形势在上升而不是低落，这个判断并非完全准确。因为当时革命确实是处于低潮，但低落和低潮两个词的含义并不完全相同。苏兆征对革命低潮形势下暴动和盲动的关系有比较正确的认识。他指出，暴动是需要的，但也要防止盲目行动；在反对盲动主义时，也要防止借口不动。苏兆征分析道，有人"说革命是低落的。我的意见觉往上升。暴动政策在这种环境之下是很需要的。我们城市暴动与乡村暴动不分的清楚，常发生误会盲动是有的。有许多人派他去工作，不管群众，他就暴动，这是有的事。但是来源与机会主义大有关系，反对盲动主义，亦应该防止机会主义籍口不动"。苏兆征不赞成那种不管群众只管暴动的盲动主义，但也反对以各种理由取消革命行动。他在发言中指出：张国焘说，"南昌的暴动，可否留到广东的暴动一同发生"？我们知道南昌暴动是在广州暴动四个月以前，我们是不是南昌暴动等到广州暴动呢？是否在国民党反动之下广东我们回去一齐暴动呢？可说这个是拉拢将军之军事投机幻想

---

① 中共中央党史研究室、中央档案馆编：《中国共产党第六次全国代表大会档案文献选编》（下卷），中共党史出版社2015年版，第598页。

罢了。可见苏兆征是支持武装反抗国民党反动派，支持在动员组织群众的基础上举行暴动的，同时坚决反对"不管群众，他就暴动"的盲目行动。党的总路线是争取群众，党的中心工作不是组织暴动，而是做艰苦的群众工作，积蓄力量。目前，最主要的危险倾向就是盲动主义和命令主义，他们是使党脱离群众的。①

6. 必须重视党的民主集中制建设

中国共产党的组织原则是民主集中制，但坚持得不够。苏兆征针对党内在这方面存在的问题、特别是陈独秀存在家长制作风的错误进行了批评。他讲到，在"武汉当东征北伐问题争论时，有许多人主张东征，有的主张北伐，在我们政治局还没有决定，我们的独秀同志，他个人的意见拿去，通过了北伐，可谓家长的铁证"。在苏兆征看来，陈独秀作为党的主要负责人，至少在东征和北伐的问题上以个人意见代表了集体决策，没有很好地发扬党内民主，听取集体的意见。同时，"独秀他自己破坏了共产党的民主集中制，国际屡次要他来，六次大会也要他来，他破坏了党的纪律"，没有到莫斯科参加大会。当有人在大会发言称陈独秀有政治经验时，苏兆征指出："独秀有政治经验是不错的，但他并没有接受国际九次扩大会的决议，没有接受他错误的批评。"批评和自我批评是中国共产党的优良作风之一，可以推动工作、改正错误。苏兆征认为：八七会议的告同志书，没有给同志们讨论过，也是有问题的。②总之，苏兆征在党的全国代表大会上公开点名批评党的领导人错误，表明了对党的忠诚，对党的民主集中制建设重视和关注。

苏兆征在中共六大上的发言，对共产国际对中国共产党的帮助给予了充分肯定。他指出：有人说"国际代表都是混（浑）蛋东西，好像机会主义是第三国际代表毛子负责的，我反对这种说法"。不能把中国共产党内产生的

---

① 中共中央党史研究室、中央档案馆编：《中国共产党第六次全国代表大会档案文献选编》（下卷），中共党史出版社 2015 年版，第 598 页。

② 中共中央党史研究室、中央档案馆编：《中国共产党第六次全国代表大会档案文献选编》（下卷），中共党史出版社 2015 年版，第 598、839 页。

机会主义错误都归咎于共产国际代表，认为中国同志是牺牲品。苏兆征主张中国共产党多检查、反省自己的工作，很好地总结经验教训，而不是把责任全推到共产国际代表身上。

苏兆征对中国革命和中国共产党充满信心。正如他在大会闭幕式上所说：我们得到了正确路线，我们能够沿着这条路线得到胜利。[1]

苏兆征对于共产国际和斯大林的指示，他抱着一种淳朴的感情予以接受，并结合中国革命实际进行独立思考。总体上，他的思想认识与当时中国共产党高层的认知基本一致，如共产国际和中共在当时对于城市工作还是放在一个重要的位置，苏兆征对此并没有不同看法或提出异议。

（三）参加中共六大多项决议案的起草

从保留下来的中共六大档案中，我们可以看到苏兆征至少参加了六个文件或决议的起草。一是参加章程即中国共产党章程的起草，除了苏兆征、向忠发，还有瓦西里耶夫、诺林、沃尔克、贝尔曼、米夫等共产国际方面的人员参加；二是参加土地纲领的起草，除了苏兆征、向忠发外，还有沃林、约尔克、弗雷耶尔、马季亚尔、休卡里、米夫等共产国际方面的人员参加；三是农民运动决议的起草，除了苏兆征、向忠发以外，还有沃林、约尔克、弗雷耶尔、米夫等人；四是参加军事决议起草；五是参与完成军事工作的训令；六是参加职工运动决议案的起草，开始有两个草案：一个是苏兆征起草，另一个是斯卡洛夫。然后，由洛佐夫斯基、格列尔、斯莫良斯基、奥尔加参加起草了一个新的草案。

从上述情况来看，共产国际在中共六大的文件制定方面，曾派出不少专家参与、帮助，同时也比较注意吸收了解中国情况的中共同志参加。苏兆征和向忠发因为参加十月革命十周年纪念活动，早于1927年下半年便到了苏联。他们比其他的六大代表和党的领导人更早到达莫斯科，加上在中国工人运动中的

---

[1] 中共中央党史研究室、中央档案馆编：《中国共产党第六次全国代表大会档案文献选编》（下卷），中共党史出版社 2015 年版，第 156 页。

地位和影响，因而也成为共产国际吸收中国同志参加文件起草的理想人选。

1928年7月8日，六大主席团召开第14次会议，在王凤飞主持下，听取了选举委员会对51人预选名单的介绍。苏兆征被列入预选的51人名单。7月10日，中共六大正式选举产生了新一届中央委员会，苏兆征再次当选为中央委员。7月20日，中共中央政治局举行第一次会议，确定了政治局各委员分工、中央工作机构的设置及其领导成员。苏兆征担任中央政治局委员、政治局常务委员、中央职工运动委员会书记。苏兆征的革命生涯又翻开了新的一页。

受当时共产国际选拔干部片面强调工人成分的影响，中央政治局委员中工人出身的明显偏多，曾为武汉码头工人的向忠发担任中央政治局主席兼中央政治局常委会主席。但实际负责人是中央政治局常委会秘书长兼中央组织部部长的周恩来。

中共六大是在大革命失败后党在城市和农村革命力量遭到毁灭性打击，中国共产党重新整集队伍，在新形势下探索革命道路，开始独立领导中国革命的历史重要转折时刻召开的具有重大历史意义的会议。

中共六大认真总结了大革命失败以来的经验教训，批判了陈独秀右倾机会主义和瞿秋白"左"倾冒险主义的错误，对有关中国革命的一系列存在严重争论的根本问题，作出了基本正确的回答。它集中解决了当时困扰党的两大问题：一是在中国社会性质和革命性质问题上，指出现阶段的中国仍是半殖民地半封建社会，引起中国革命的基本矛盾一个也没有解决，现阶段的中国革命依然是资产阶级民主革命。二是在革命形势和党的任务问题上，明确了革命处于低潮，党的总路线是争取群众，党的中心工作不是千方百计地组织暴动，而是做艰苦的群众工作，积蓄力量。目前"最主要的危险倾向就是盲动主义和命令主义，他们都是使党脱离群众的"。①这是党的工作方针的一次重要转变。中共六大对中国革命根本问题所作的基本正确的回答，大体

---

① 中共中央党史研究室、中央档案馆编：《中国共产党第六次全国代表大会档案文献选编》(下卷)，中共党史出版社2015年版，第861页。

上统一了全党的思想，对克服党内依然存在的浓厚的"左"倾情绪，实现有关认识和工作的转变，对中国革命的恢复和发展起了积极的作用。苏兆征在其中发挥了积极的作用。

但是，由于历史发展的局限性，中共六大仍把城市工作放在中心地位，而没有认识到中国革命的长期性和复杂性，没有认识到建立农村根据地在中国革命中具有特殊重要的地位。党的六大仍然把民族资产阶级当作革命的敌人，对中间派的重要作用和反动势力内部的矛盾缺乏正确的估计和应对政策。①

中共六大路线基本上是正确的。此后两年，全党贯彻执行六大路线，恢复和重建党的组织，领导开展群众斗争，中国革命出现走向恢复和发展的局面。

从中共六大上的发言可以看出，苏兆征对中国革命道路的认识水平与当时的党中央整体认识水平相一致，与共产国际对中国革命的指导思想也没有偏离。他对中国革命的发展作了认真深入的思考，根据自己的革命实践，提出了不少切合中国革命实际的深刻见解。总体上看，作为领导中国革命的党中央领导人，苏兆征走在革命队伍前列，他的言行在某些方面引领革命运动的发展。

中共六大召开，正是大革命惨遭失败之时，党在城市和农村的力量遭到毁灭性打击，每天都有革命志士被杀害，全国到处腥风血雨，似乎看不到胜利的希望。当此之时，中国共产党成立不足七年，苏兆征和瞿秋白、周恩来、张国焘、蔡和森、邓中夏、李维汉、李立三等当时的中共中央领导人，苏兆征43岁为年龄最长者，最小者瞿秋白、李立三只有29岁。面对严峻的革命形势，面对随时被捕被杀害的危险，他们没有畏惧、没有退缩，以满腔热

---

① 中共六大在某些方面对中国革命的发展产生了不好的影响。如，六大修订了党章，再次明确规定"中国共产党为共产国际之一部分，命名为'中国共产党'，为共产国际支部"。此后在很长一段时间内，中共都被迫事事听命于共产国际，造成不少政策失误。在布哈林、米夫操控下，让理论水平不高、工作能力不强的武汉码头工人出身的向忠发选为党的最高领导人，这是组织工作上的一大错误。周恩来说"'六大'是有原则性的错误，对以后发生了坏的影响"，指的就是这个事情。尽管六大存在种种不足，但六大的路线基本上是正确的。

血挺身而出，重新整集队伍、拿起武器，在极端困难的条件下，领导残存的中共党员，挑起继续革命的历史重担，把革命斗争坚持下来，继续下去，这是对中国革命非常了不起的贡献。

仅此一点，就足以令今天的我们对他们肃然起敬。

1928年7月15日，中国共产主义青年团第五次代表大会也在莫斯科举行，苏兆征以名誉团员的身份出席了大会，他在会上发表了热情洋溢的祝词："中国青年工农在过去革命阶段中曾表现出很大的力量，往后中国青年工农群众的革命作用还要增长。这是他们的悲惨的社会地位决定他们的。所以中国共青团应该了解自己的使命，应该艰苦的训练并领导广大青年工农群众一致走上革命道路。为此，党员必须对团有更多的指导。"[1]

三、参加共产国际六大

中共六大期间，代表们还选出苏兆征、瞿秋白、周恩来等20人为出席即将举行的共产国际第六次代表大会的代表，其中苏兆征、瞿秋白等为有发言权的代表，苏兆征担任代表团书记。中共六大结束后，苏兆征和在莫斯科的中央政治局委员瞿秋白、张国焘、项英、周恩来被指定为出席共产国际第六次大会代表团的主席团，同时办理党的六次大会各项未了事宜。

"声望卓著的中国共产党领导人"苏兆征出席共产国际第六次代表大会。共产国际六大于1928年7月17日—9月1日在莫斯科举

出席共产国际第六次代表大会时的苏兆征

---

[1] 少峰：《悼念苏兆征同志》（原载《列宁青年》第1卷第12期，1929年4月1日），转引自卢权等：《苏兆征》，广东人民出版社1993年版，第367页。

行，出席大会的有57个党和9个组织的532名代表。苏兆征以团长身份率领中国共产党代表团（包括周恩来、向忠发、李立三、蔡和森、瞿秋白、张国焘等）出席，他与瞿秋白代表中国共产党当选为大会主席团成员，7月27日代表中国共产党向大会致贺词。他在贺词中介绍当前中国人民在中国共产党领导下进行艰苦卓绝的革命斗争的情况，并讲道："当前，中国党的任务首先是争取群众，准备掀起新的革命高潮。广州苏维埃起义、目前正在广泛开展的反日运动、农民群众的武装斗争、农会在共产党领导下的不断发展——所有这一切都表明，新的革命浪潮正在到来。"他表示，"现在中国共产党的处境空前困难。它正在国际反动派施行骇人听闻的恐怖手段的情况下开展活动。它比任何时候更加需要同共产国际保持最密切的联系，更加需要得到各兄弟党更有力的支持。党希望在这次代表大会能为中国革命锻造出更加有力的武器。"①

在7月27日召开的共产国际六大第13次会议上，苏兆征介绍了八七会议召开经过，特别讲到与陈独秀右倾机会主义作斗争的情况，他指出："1927年8月7日召开的会议上，就这一问题通过了决议，还通过了关于土地革命问题、武装起义夺取政权问题和组织工农政府问题的决议。这条武装起义的路线无疑是正确的。"苏兆征还着重介绍了中共八七会议之后各地举行武装起义情况，针对一些国家代表在发言中指责广州起义是"盲动""冒险"等观点，详细叙述广州起义经过及其意义，提出："广州工人于去年12月11日举行起义，夺取了政权。起义恰似一声巨雷轰鸣，对整个东方和全世界无产阶级产生了强烈的印象。广州起义之后，中国工人认识到，工人、农民和士兵夺取政权才是摆脱当前处境的唯一出路。广州起义后，中国许多其他地方的农民纷纷举行武装起义，土地革命进一步深入。广州起义期间是有过种种错误，但是无论如何不能把它称做为盲动。"他还结合中共六大会议精神和

---

① 苏兆征（李光）在共产国际第六次代表大会致贺词（1928年7月27日），载王学东主编：《国际共产主义运动历史文献》（第45卷），中央编译出版社2013年版，第9~10页。

共产国际执委会第九次全会所指出的"中国革命正处在资产阶级民主革命阶段"论断，提出中国共产党的"首要任务是把千百万群众团结在共产党的周围。在新的革命高潮到来之前，武装起义的口号将一直是宣传口号"。苏兆征还将任务归结为四点：1.加强同帝国主义的斗争，把工人、农民和小资产阶级组织起来；2.普遍开展土地革命，建立军队，准备在一省或数省夺取政权；3.加强城市中的工会运动；4.同机会主义和盲动主义作斗争。①

8月4日，苏兆征在大会"讨论战争危险问题"的第22次会议上发言。他叙述了中国工人阶级成长的历史以及职工运动发展的经过，指出"战后中国无产阶级以独立的姿态，以资产阶级民主革命的先锋队和领导者的身份登上了政治舞台。显然，战争危险问题对中国无产阶级具有重大意义。中国共产党在最近十年中为反军国主义进行了许多工作"。苏兆征在发言中，介绍了中共反对帝国主义列强的干涉部队和瓦解军阀的雇佣军的工作。如1924年广州沙面工人罢工反对英帝国主义军舰，1927年北伐时帝国主义列强以保护租界为借口派军舰包围汉口，中共都对外国士兵进行宣传工作。重点是发动工人进行瓦解中国军阀部队的工作。苏兆征提出："这个反战的经验今后也应当运用。"同时他也讲到，在反对帝国主义和军阀的斗争中，工作缺乏系统性和计划性，这是今后必须改正的。②苏兆征被选举为共产国际执行委员会委员。

接着，苏兆征又应邀出席了苏联全国总工会第八次代表大会，在大会上作了《关于中国职工运动情况》的报告。此后，苏兆征还当选为农村工会国际执委会副委员长。

中共六大结束不久，留在莫斯科的苏兆征突患阑尾炎。但因身体虚弱，苏联医生建议他留在苏联疗养一段时间，待身体好些再考虑施行手术。艰苦

---

① 苏兆征（李光）在共产国际第六次代表大会的发言（1928年7月27日），载王学东主编：《国际共产主义运动历史文献》（第46卷），中央编译出版社2013年版，第561页。
② 苏兆征（李光）在共产国际第六次代表大会的发言（1928年8月4日），载王学东主编：《国际共产主义运动历史文献》（第46卷），中央编译出版社2013年版，第428~429页。

严酷的斗争环境，长期忘我紧张地工作，海员出身的苏兆征，原有一副强健的体魄，但自从参加革命后，常常日以继夜地工作和战斗，加上生活贫困俭朴，营养严重不足，致使积劳成疾。虽说是疗养，时任中央政治局常委的苏兆征始终坚持过着艰苦朴素的生活。他还抓紧时间撰写关于1922年香港海员大罢工的小册子，该书由国际运输工人委员会出版。身在异国他乡的苏兆征，时刻挂念着祖国的革命事业，想起为革命牺牲的战友和正在受苦受难的同胞，更使他无法安心休养，多次向组织要求立即回国工作。他不顾医生和同志们的劝阻，毅然抱病和项英、周恩来、杨殷等一同回国。

第 八 章

战斗到生命最后一息

1929年2月25日，积劳成疾、未能及时医治的苏兆征在上海溘然长逝，留下了"大家同心合力起来，一致合作，达到我们最后成功！"的遗言。苏兆征把毕生精力和热情都献给了壮丽的无产阶级革命事业，真正做到了"鞠躬尽瘁、死而后已"。

1929年2月上旬，经过半个月的舟车劳顿，风尘仆仆的苏兆征回到了阔别一年的上海。自苏联回上海后，苏兆征不顾身体的劳累，马上投入工作，有好几次路过自己的家门，却没有进去看看已一年多不见的妻子儿女，以至于家里的人都不知道他已经回到上海了。直到春节来临，在同志们一再催促下，他才在春节前夕回到家中。

春节一过，苏兆征化名为黄先生，忙于组织中华全国总工会第二次扩大会议，贯彻落实中共六大和共产国际"六大"的精神。

1929年2月17至20日，在苏兆征主持下，中华全国总工会执委会第二次扩大会议在上海秘密召开。苏兆征在会上传达党的六大和共产国际"六大"精神，并报告了出席赤色职工国际第四次大会情况，总结前期白区工人运动的经验教训，认真审视工会过去的工作，指出"左"倾盲动主义对于工人运动所带来的不良影响，并提出了今后的斗争任务。他提出："我们唯一的路线，就是动员群众。能够把群众动员，才能把反动的统治局面推翻。"针对以往工会工作中存在的缺点错误，他提出了改进办法："我们提出的口号要适合工人实际的要求，我们于斗争中所提的条件，要使工人了解，要引起工人自己讨论。"我们应该从下层组织宣传，不能用个人的红色恐怖。"我们要群众的斗争，不要枪杆的逼迫，要有组织的行动，不要做浪漫的袭击。"

由于赤色工会过于暴露，容易招致敌人的注意和镇压，也使工人群众有所顾虑而不敢接近。在总结以往工会斗争经验教训的基础上，结合上海工作实践，苏兆征提出，在工厂中组织工厂委员会，团结工人进行斗争，"工厂委员会是工人的初级学校，是联合所有工人起来为自身利益奋斗的最好办法，它的性质和工会不同"。①苏兆征的这个讲话，可以说是指导当时中国

---

① 《中国工人》第8期（1929年5月15日出版），载《苏兆征文集》第166、168~169页。

工人运动的重要思想。

在奔走从事工人运动的日子里，"鞠躬尽瘁"这四个字无疑是苏兆征革命生活的忠实写照。其子苏河清回忆说："记得他在香港、广州、上海从事革命工作期间，总是早出晚归。他常在江边码头给工人们读报，讲革命道理，家中经常有伯伯、叔叔们来开会。为此，父亲多次遇到反动派的搜捕，但父亲并没有被吓倒，而是以更大的热情参加工作。"

苏兆征回到上海后，不顾长途跋涉的劳累和虚弱有病的身体，便立即投入了紧张的战斗，终因劳累过度，又病倒了，而且病情日益严重。但由于当时全国正处于白色恐怖时期，他仍以党的利益为重，严守党的秘密，既不愿将病情告诉别的同志，以免增加党的负担；又不肯将党组织的秘密联络地址轻易告诉家人，以免给党带来危险，导致耽误了病情的医治。直到他的病情恶化时，他的妻子钟荣胜才经过一番周折把他送进附近一家私人医院抢救。他的女儿丽娃回忆当时的情景时说："将近春节，一家团聚了，都准备过一个快乐的新年。但过了五六天，爸爸突然病倒了。爸爸没有告诉妈妈怎样去与党组织联系。妈妈手忙脚乱，无所依靠，又不懂上海话。爸爸病势越来越危急，妈妈只好在附近一间小医院找到一个床位，赶紧将爸爸送去。"①但因为拖延了时间，他的生命已处于垂危状态了。

1929年2月25日，中共中央的工作人员龚饮冰去苏兆征家中探望，房东告诉他说，黄生先（苏兆征的化名）病重，住医院去了。龚饮冰立即赶到医院，找医生询问病情。医生皱着眉头说："开刀迟了，难望好转。"龚饮冰恳求医生尽力抢救，多打强心针，以挽救苏兆征的生命。接着，他赶紧回去向党中央负责同志汇报。②

当天下午，经过周折才知晓病情的向忠发、周恩来、李立三、邓小平、邓颖超等人赶到医院探望。这时，苏兆征已处于弥留状态。此时此刻，苏兆

---

① 苏丽娃：《回忆父亲苏兆征》，载《苏兆征研究史料》，广东人民出版社1985年版，第400页。
② 龚饮冰：《纪念苏兆征同志逝世三十周年》，载《苏兆征研究史料》，广东人民出版社1985年版，第396～397页。

征同志关心的不是个人，而是国内革命形势发展。

苏兆征看见同志们前来探望自己，就极力振作起来，用十分微弱的声音，断断续续地说："广大人民已无法生活下去，要革命，等待着我们去组织起来，希望大家共同努力奋斗！"

最后，他又挣扎着，断断续续地重复说道："希望大家同心合力起来，一致合作，达到我们最后成功……"在生命的最后一刻，他仍心系劳苦大众、心系党的革命事业，对革命事业的最后胜利充满坚定的信念。[①]

1929年2月25日下午6时20分，因抢救无效，苏兆征终于闭上了眼睛，溘然长逝，终年44岁。

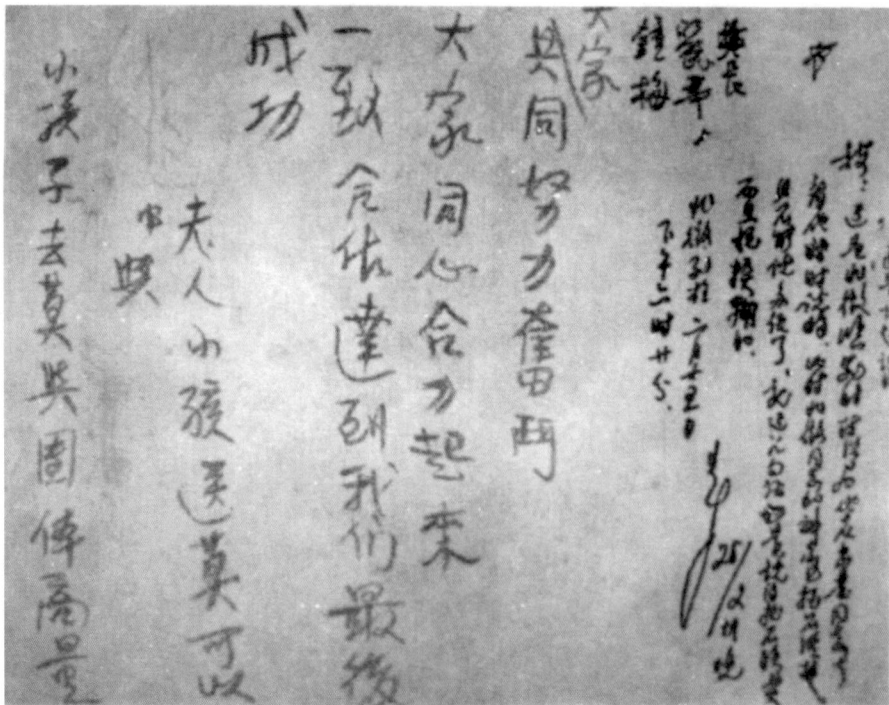

苏兆征的遗嘱

[①] 《鞠躬尽瘁：邓颖超记录苏兆征遗嘱——中央档案馆馆藏珍贵历史档案背后的党史故事之八》，见新华网：http://www.xinhuanet.com/politics/2016-07/01/c_1119145608.htm。

苏兆征逝世前的遗言

在中央档案馆中，存有一份苏兆征同志的遗嘱。这份由邓颖超在苏兆征弥留之际匆匆记录的遗嘱中，从"大家共同努力奋斗""大家同心合力起来一致合作达到我们最后成功"等寥寥数语可以看出，这位杰出的工人运动领导人在生命最后一刻，意识已模糊，仍念念不忘他为之鞠躬尽瘁的革命事业。

1929年2月25日下午，苏兆征病重住进医院。向忠发、周恩来、邓小平、李立三、邓颖超等在中共中央政治局工作的领导闻讯后赶到医院探望，这时苏兆征已处于弥留状态。当他发现身边的同志时，竭力振作起来，用十分微弱的声音，断断续续极不联贯而且模糊地说了这几句话。站在旁边的邓颖超，拿出一支笔，迅速在一张纸片上把它记录下来：

> 大家共同努力奋斗
> 大家同心合力起来
> 一致合作达到我们最后成功
> 夫人，小孩送莫可以
> 小孩子去莫与团体商量
>
> ——苏兆征逝世前的遗言

当天晚上，邓小平在邓颖超记录苏兆征遗言的纸上，挥笔写下一段注释，记述苏兆征弥留时的情形：

> 梅：这是小超记的。这是兆征临死时政治局代表忠发同志去看他时说的。此时兆征同志的神志已极不清楚，且不能说多话了。就这几句话，也是说得极不联贯而且极模糊的。
>
> 兆征死于二月廿五日下午六时廿分
> 小平 25/2/29 晚[①]

2月26日，周恩来起草中共中央致共产国际电：苏兆征死在工作中，实足以代表中国共产党在目前艰难困苦工作环境中奋斗不息的精神，中央决定通告全党追悼。

苏兆征逝世后第二天，即2月26日，中共中央政治局召开会议，对苏兆征不幸逝世表示沉痛的哀悼，并发出关于悼念苏兆征逝世的第32号通告。通告说："中国无产阶级历史上几次伟大的斗争，兆征同志都是群众的领导者，在群众中有极大的信仰。""苏兆征同志在这几年的工作过程中，充分

[①] 《鞠躬尽瘁：邓颖超记录苏兆征遗嘱——中央档案馆馆藏珍贵历史档案背后的党史故事之八》，见新华网：http://www.xinhuanet.com/politics/2016-07/01/c_1119145608.htm。

表现了无产阶级的艰苦卓绝的精神和坚决的政治意识，的确是党的最好的指导者。""兆征同志的革命精神，真是全党同志的模范。中央号召全党同志要一致的继续着兆征同志的精神，向前奋斗，要记住他的遗言，'大家努力，达到革命的胜利'"[①]

中华全国总工会、共青团中央等团体亦分别发出悼念苏兆征的文告，号召工人群众和团员继承他的革命精神。共产国际、赤色职工国际及一些国家的共产党亦为苏兆征举行了一系列悼念活动。[②]

邓中夏在1929年2月得知苏兆征逝世消息，即撰写《苏兆征同志传》，后印发三千份，分发苏联和欧洲、美洲等各国的工会。在这篇传记中，邓中夏简略提及苏兆征早年生活之后，笔墨主要集中在苏兆征领导的年香港海员大罢工的经历，对于苏兆征的其他经历，则较为粗略带过。在生平传记后，邓中夏另起一节撰述苏兆征的工作风格，称赞苏兆征具有"勤劳、谦逊、廉洁、坚定、守纪律"等工人阶级的美好品行，并在最后对苏兆征作了客观的肯定，称誉"他是海员的领袖，他是香港与广东劳动群众的领袖，他是全中国工人阶级的领袖、他是太平洋沿岸职工运动的领袖之一，他是中国共产党最好的领袖之一，他

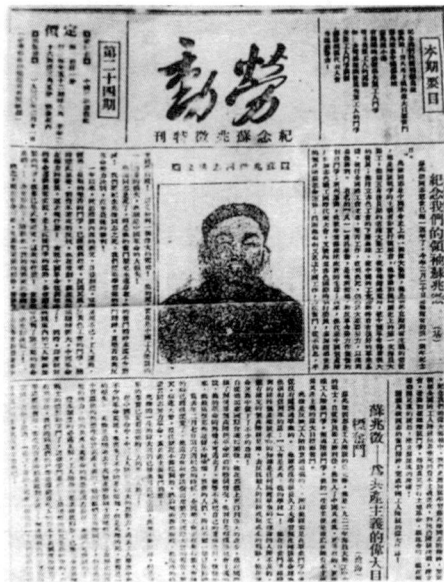

1930年2月中华全国总工会主办的《劳动》杂志出版的《纪念苏兆征特刊》

---

① 龚饮冰：《纪念苏兆征同志逝世三十周年》，载《苏兆征研究史料》，广东人民出版社1985年版，第396~397页。

② 《追悼苏兆征同志——中国共产主义青年团中央通告五字第四十五号（1929年3月15日）》，载《苏兆征研究史料》，广东人民出版社1985年版，第330、第371页；中华全国总工会中国工运史研究室编：《工运史研究资料》第7辑（1980年6月）。

是赤色职工国际和共产国际的领袖之一"。

长期负责罢工运动财政工作和中共中央财务工作的苏兆征，却是分文无存、身后萧条，以致中华全国总工会为他的妻子儿女发出募捐通告，"特令各级工会，在工人群众中，为苏委员长家属实行募捐。应捐的数目，不定多少，只要是群众的志愿，本爱护领袖的热诚，一文一角，集腋成裘，当能救济他家属暂时穷困于万一"。[①]

上海市烈士陵园里的苏兆征烈士墓

苏兆征为革命事业献出了毕生精力，以实际行动兑现了自己"鞠躬尽瘁，死而后已"的承诺，也诠释了中国共产党人为中华民族伟大胜利不懈奋斗的精神源泉。

苏兆征同志的一生，是革命的一生，战斗的一生，为追求真理而不懈奋斗的一生。

1929年，苏兆征同志留下了最后的遗言："大家共同努力奋斗，大家同心合力起来，一致合作，达到我们最后成功！"在中国共产党的正确领导下，先烈的遗愿早已成为现实。今天，我们比历史上任何时期都更加接近中华民族伟大复兴的目标，比历史上任何时期都更有信心、更有能力实现这个目标。

---

① 《通告第九号——关于苏兆征同志病死告各级工会（1929 年 3 月 4 日）》，载《苏兆征研究史料》，广东人民出版社 1985 年版，第 329 页。

参考文献

一、期刊报纸

《申报》（上海）、《民国日报》、《广州民国日报》、《汉口民国日报》、《北京晨报》、《向导》、《政治周报》、《工人之路特号》

二、资料汇编

中华全国总工会编：《中共中央关于工人运动文件选编》（上、中、下），档案出版社1985年版

中华全国总工会中国职工运动史研究室编：《中国历次全国劳动大会文献》，工人出版社1957年版

中国科学院广州哲学社会科学所分所：《广东群报选辑》，1957年印行

中华全国总工会中国工人运动史研究室编：《中国工运史料》，工人出版社1980年版

中央档案馆编：《中共中央文件选集》，中共中央党校出版社1982年版

王健英：《中国共产党组织史资料汇编——领导机构沿革和成员名录》，红旗出版社1983年版

中共广东省委党史资料征集委员会编：《广东党史资料》，广东人民出版社1984年版

中国第二历史档案馆编：《中华民国史档案资料丛书——五卅运动和省港罢工》，江苏古籍出版社1985年版

广东哲学社会科学研究所历史研究室编：《省港大罢工资料》，广东人民出版社1980年版

中共广东省委党史研究委员会办公室、中共珠海市委党史办公室编：《苏兆征研究史料》，广东人民出版社1985年版，

中共广州市委党史资料征集研究委员会编：《广州大革命时期回忆录选编》，广东人民出版社1986年版

中国第二历史档案馆编：《中国国民党第一、二次全国代表大会会议史料》（上、下），江苏古籍出版社1986年版

中共中央党史研究室第一研究部译：《联共（布）、共产国际与中国国民革命运动》，北京图书馆出版社1997年版

中共中央党史研究室、中央档案馆编：《中国共产党第六次全国代表大会档案文献选编》（上、下卷），中共党史出版社2015年版

王学东主编：《国际共产主义运动历史文献》（第45、46卷），中央编译出版社2013年版

中国青年出版社编：《红旗飘飘》，中国青年出版社1958年版

《苏兆征文集》，人民出版社2013年版

《邓中夏全集》，人民出版社2014年版

尚明轩、余炎光编：《双清文集》（上、下卷），人民出版社1985年版

张国焘：《我的回忆》（上、下），东方出版社2004年版

三、著作

卢权、禤倩红：《苏兆征》，广东人民出版社1993年版

叶庆科：《苏兆征评传》，山西人民出版社1994年版

刘功成：《邓中夏传》，江苏人民出版社2016年版

陈福霖、余炎光：《廖仲恺年谱》，湖南出版社1991年版

蔡洛、卢权：《省港大罢工》，广东人民出版社1986年版

曹平：《五卅运动和省港大罢工》，黑龙江人民出版社1985年版

刘明达编：《中国工人阶级历史状况（1840—1949）》，中共中央党校出版社1985年版

王宗华主编：《中国大革命史1924—1927》，人民出版社1990年版

四、论文

金应熙：《关于1922年香港海员罢工的几个问题》，《学术研究》1986年第4期

温小鸿：《省港罢工与广东商人》，《广东社会科学》1987年第1期

李晓勇：《国民党与省港大罢工》，《近代史研究》1987年第4期

褟倩红：《国共两党与省港罢工》，《近代史研究》1991年第3期

丘均元：《苏兆征对省港大罢工的贡献》，《广东民族学院学报（社会科学版）》1992年第8期

褟倩红、卢权：《省港罢工中破坏与反破坏的斗争》，《学术研究》1995年第3期

张晓辉：《略论香港华商调停省港大罢工》，《史学集刊》1995年第3期

霍新宾：《国共党争与阶级分野——广州国民政府时期工商关系的实证考察》，《安徽史学》2005年第5期

王亚红：《试论第一次国共合作时期中共党团的作用》，《理论学刊》2009年第4期

陈龙：《论苏兆征与国民革命中的省港大罢工》，厦门大学硕士学位论文2014年

吴令欣：《武汉国民政府的工人政策研究》武汉大学硕士学位论文2017年5月

李蓉：《苏兆征对中共六大的重大贡献》，《中国井冈山干部学院学报》第12卷第1期，2019年1月

褟倩红：《苏兆征与中共六大》，《红广角》2014年第2期

韩泰华：《关于中共六大研究的若干问题》，《中共党史研究》2008年第4期

巫春庚、李红：《关于苏兆征工人运动思想形成的探究》，《湘潮》2016年第6期

李红：《苏兆征工人运动思想探究》，江西师范大学硕士学位论文2016年

后 记

作为中国共产党早期重要领导人、中国工人运动杰出领袖，苏兆征为民族独立和人民解放作出了重要贡献，在中国革命中发挥了重要作用，在中共党史上有着重要地位。在接受编写本书的任务后，我心里很忐忑。毕竟，有关苏兆征的研究成果已经不少，专著和普及读物已出版了近十本，尤以老前辈卢权社长、褟倩红教授所写专著最为全面、系统、深入；有关苏兆征本人生平、活动、思想等，以及与他相关的如香港海员罢工、省港大罢工等研究论文或普及性文章也有数十篇，研究的空白点不多。确实，从学术研究的范畴来看，假如没有发现大量新材料，苏兆征研究创新不易，要取得新突破很难。我想尝试的，不是发现新材料、提出新观点、构建新体系，而是如何更好地去认识、理解苏兆征个人与时代、组织、政党和革命事业的关系。在写作中，我试图将苏兆征的成长、奋斗过程与中国共产党的发展联系起来，放在中国革命的大背景下观察。中国共产党是无产阶级的先锋队，它的发展壮大与工人运动息息相关，海员工人出身的苏兆征正是在从事工人运动中将自己的命运与中国共产党、中国革命紧紧地结合在一起，并在革命斗争的实践中付出了全部精力和生命，英年早逝，壮志未酬。如能将此清晰描述，也可释然。

在学习中共党史过程中，我们不难看出，早期中国共产党领导人有两种类型：一种是知识分子出身，如陈独秀、瞿秋白、周恩来、张国焘等，均接受过高等教育或者有留学尤其是留苏背景；另一种是工人出身的领导人，如王荷波、苏兆征、项英等人，他们家境贫苦，接受学校教育不多，早年务工，均为工人职业，在从事工人运动中成长起来。或许，由于向忠发等人的原因，学术界对于工人出身的中共领导人这一类型似乎贬抑较多，有关苏兆征的描述或多或少、自觉不自觉地存在这种倾向。在编写此书过程中，我常感怀于苏兆征所处的时代和风云际会，为他的英年早逝而惋惜，为他的忠诚干净担当的品质所折服，尤其敬佩他广为同志赞许的人格魅力。显然，苏兆征缺乏纵横捭阖的政治手段，也不是指挥千军万马的军事家，更非著书立说的理论家——他是忠厚的谦谦君子，埋头苦干的实干家，组织发动群众的指挥家，做群众工作的高手。惜乎限于资料收集和自己的学力，未能将苏兆征栩栩如生的饱满形象展现出来。

书中尽量吸纳以往的研究成果，恕未能一一标注。谨此一并致谢！

感谢澳门科技大学社会与文化研究所所长林广志教授的鼓励和提点、省立中山图书馆倪俊明研究馆员等协助查阅资料、广东人民出版社梁茵编辑等的辛苦付出，使本书得以出版。

能力所限，书中想必还有不少错漏之处，敬祈方家指正。

作　者
2021年8月